珍藏本
纪念版

汉译世界学术名著丛书

太阳城

〔意〕康帕内拉 著

陈大维 黎思复 黎廷弼 译

商務印書館
The Commercial Press

2017年·北京

Кампанелла

ГОРОД СОЛНЦА

Издательство Академии Наук СССР

Москва 1954

据苏联科学院出版社 1954 年俄文版译出

康帕内拉(1568—1639 年)

汉译世界学术名著丛书
（120 年纪念版·珍藏本）
出 版 说 明

2017 年 2 月 11 日，商务印书馆迎来 120 岁的生日。120 年前，商务印书馆前贤怀揣文化救国的理想，抱持“昌明教育，开启民智”的使命，立足本土，放眼寰宇，以出版为津梁，沟通中西，为中国、为世界提供最富智慧的思想文化成果。无论世事白云苍狗，潮流左右激荡，甚至战火硝烟弥漫，始终践行学术报国之志，无改初心。

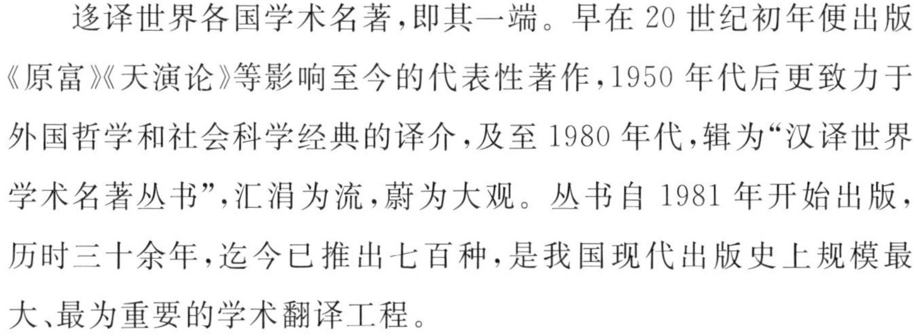

迻译世界各国学术名著，即其一端。早在 20 世纪初年便出版《原富》《天演论》等影响至今的代表性著作，1950 年代后更致力于外国哲学和社会科学经典的译介，及至 1980 年代，辑为“汉译世界学术名著丛书”，汇涓为流，蔚为大观。丛书自 1981 年开始出版，历时三十余年，迄今已推出七百种，是我国现代出版史上规模最大、最为重要的学术翻译工程。

丛书所选之书，立场观点不囿于一派，学科领域不限于一门，皆为文明开启以来，各时代、各国家、各民族的思想与文化精粹，代表着人类已经到达过的精神境界。丛书系统译介世界学术经典，引领时代思想，为本土原创学术的发展提供丰富的文化滋养，为推动中国现代学术和现代化进程做出了突出的贡献。

为纪念商务印书馆成立 120 周年，我们整体推出“汉译世界学术名著丛书”120 年纪念版的珍藏本，寄望既利于文化积累，又便于研读查考，同时向长期支持丛书出版的译者、编者和读者致以敬意。

两甲子后的今天，商务印书馆又站在了一个新的历史时间节点上。我们不仅要铭记先辈的身影和足迹，更须让我们的步伐充满新的时代精神。这是商务人代代相传的事业，更是与国家和民族的命运始终紧密相连的事业。我们责无旁贷，必须做好我们这代人的传承与创造，让我们的努力和成果不仅凝聚成民族文化的记忆，还能成为后来人可以接续的事业。唯此，才能不负前贤，无愧来者。

商务印书馆编辑部

2017 年 10 月

再版说明

《太阳城》是早期空想共产主义者意大利人康帕内拉的重要代表作。他抨击了由私有制产生的各种弊病和罪恶，主张废除私有制。同时，他描绘了一个理想的社会制度，在那里，人人必须劳动，而且一切生产和分配活动都由社会来组织。康帕内拉在《太阳城》中提出的空想共产主义的体系，是嗣后很多空想社会主义体系的雏形，因此，这是一部社会主义思想史上的重要文献。

本书曾于1960年由我馆根据俄译本翻译出版。现根据苏联科学院出版社1954年出版的俄文本重新校订再版。书中除《太阳城》正文外，还编入了康帕内拉补充论证他在《太阳城》中提出的政治和社会经济观点的论文《论最好的国家》，以及他所写的十四行诗七首。书末附有沃尔金的评述康帕内拉空想共产主义思想的论文一篇、彼得罗夫斯基分别介绍康帕内拉生平事迹，以及《太阳城》的版本源流的文章各一篇，供社会主义思想的教学研究工作者参考。

目　　录

太　阳　城

朝圣香客招待所管理员和一位热那亚的航海家的对话[1]

管理员：请给我讲一讲你最后一次航海时的一切奇遇。

航海家：我已把我环球旅行时的情况告诉过你，我在这次旅行时最后曾航行到塔普罗班纳[2]，而且不得不在那里上岸。在那里，我害怕土著，所以躲到森林中去；后来我还是离开森林，不知不觉地走到一个正好处于赤道的广阔平原。

管理员：嗯！你到那里后又怎样呢？

航海家：我忽然碰到一大群佩带武器的男人和女人。其中有许多人懂我国的语言。他们就立刻领我到太阳城去。

管理员：请讲一讲这个城是怎样建立起来的？是怎样治理的？

航海家：这个城大部分位于这个广阔平原的一座高高的小山上；它四周的许多建筑物在远远超过山脚的地方，这个小山的面积，也和城市差不多，直径为两英里多，圆周为七英里。而且，由于它建筑在山脊上，所以，它的面积大于建筑在平原上的面积。这个城分为七个广阔的地带，即七个同心圆的城区，并以七大行星[3]的名字命名。由一个城区到另一个城区，要通过四条铺石块的街道，并穿过各区东南西北所开的四座城门。这样建城的优点是，假如第一个城区被攻占，必须以加倍的兵力才能攻占第二个，攻占第三个时又要用加倍的兵力；要攻到这个城池的中心，每次势必使用加倍的兵力。因此，谁要想占领这个城池，他就得进攻七次。但是，在我看来，由于它四周的围墙是那样辽阔并以那样多的棱堡、塔楼、以石球为弹的大炮和沟壕来设防，所以占领第一个城区都是不可能的。

我是从北门进去[4]的。门是铁制的，并且装置着一种非常巧妙的机械使之可以沿着城墙上的槽滑动而升降开合。第一道城墙至第二道城墙之间，留有宽约七十步的空地。从这里可以看到与第二个城区的城墙连接的一些宽阔的房屋，可以说，它们好像是整个的一座大厦。这些房屋的中层有连接起来的一些拱，拱上有可以散步的回廊，拱的下面支以华美的粗圆柱，围绕着好像柱廊或修道院走廊的拱廊。只能从内墙，即凹墙进入大厦的中层；而下层则直接通向街道；大理石的阶梯通向上层，与内廊相接。其他阶梯则通到更高的几层。这几层美观的房屋的内外墙都有窗台，房屋是用薄板隔开的，凸墙，即外墙，厚达八掌尺，而凹墙厚度不过三掌尺，内墙则薄至一至一个半掌尺。

从这里可以通到比第一个过道约窄三步的、处在两墙之间的下一个过道，从这个过道可以看见上下建有回廊的下一个城区的第一堵城墙；第二堵城墙，即内墙里边有很多房屋，也同样有凸出部分和自下支以圆柱的过道；在上面，也有通往上层房屋的门，墙上绘有美观的图画。可见，从同一个城区通过双层墙（其内墙都围绕着许多房屋并连接着向外支以圆柱的回廊）就可以到达最后一个城区。走起来总是平坦的；但是，在通过两道门（在内墙和外墙处）时，要爬阶梯，不过这些阶梯的高度爬起来几乎感觉不出来。山顶上有一个广场，其中央矗立着一座神殿，建筑的艺术是非常惊人的。

管理员：继续说吧！恳求您继续讲下去吧！

在山顶上建筑神殿

航海家：神殿是圆形的，很美观，四周没有围墙，而是建筑在一些可以支撑的粗圆柱上。神殿的巨大的拱形圆屋顶，是以惊人的技巧建筑的。在这个顶的中央，即它的最高点，又筑有一个较小的圆顶，敞口垂直对着下面的祭坛。这个唯一的祭坛位于神殿的中央，环以圆柱。神殿的周径为三百五十余步。在圆柱和另一些由高为三步的、宽而结实的胸墙所支持的圆柱上架有许多长约八步的拱；在这两种圆柱之间有铺上美观石头的通向下边的走廊；胸墙旁边有宽广的过道，道旁置有安死的长凳；在支持神殿本身的内柱之间，置有很多美观的、可以移动的安乐椅。在祭坛上只可以看到一个巨大的地球仪，一边画着整个天体，一边画着地面。在主圆顶的拱顶壁[5]上画着从第一至第六星等星辰：每颗星的上面题诗三行，说明它们的名字和它们对尘世各种现象所发生的力量。那里也绘有南北极；神殿中也画着对地平线垂直的大大小小的地理圈，但不能把所有的地理圈绘完，因为下面没有壁了，但可以用祭坛上的地球仪上面的地理圈来补充它们。神殿的地面像宝石那样闪闪发光。神殿中挂着七盏金灯，以七颗行星为名，永远点燃着。在神殿上面的小圆屋顶的周围筑有不大的几间美观的僧房，而在内外圆柱之间支持的走廊上的露天过道的旁边，筑有许多宽敞的僧房，里面住着四十九名司祭和苦行者。在小圆屋顶上矗立着一个好像是风向标的东西，它们能发现三十六种风向[6]；他们就能预知某年刮什么风，陆地和海洋（但只限于本土的气候）发生什么变化。在风向标的下面，保存着用金字写的记录卷。

管理员：啊，勇敢的人，请详细告诉我这个城的管理制度。这是我特别感兴趣的。

统治的方式

航海家：他们的最高统治者[7]是一位司祭，用他们的语言来说，叫作"太阳"，而用我们的语言来说应该称他为"形而上学者"。他是世俗和宗教界一切人的首脑；一切问题和争端要由他作出最后的决定。在他的下面有三位领导人，他们的名字是"篷"、"信"、"摩尔"[8]，照我们的意见或者译为"威力"、"智慧"和"爱"。

统治者"威力"掌握的职权

"威力"掌管有关和平与战争的一切事务，他懂军事艺术，是战时的最高统帅，然而他在这方面的权力不能高于"太阳"。他指挥军职人员和士兵，管理军队的供应，建设防御工事，防止意外的侵袭，制造军械，领导军事工场和军事家及其服务人员。

统治者"智慧"掌握的职权

"智慧"管理自由艺术部门、手工业部门和各个科学部门，也像学校一样，领导相应的职员和科学家。属他所管的职员中属于科学方面的有：占星家、星源学家、几何学家、历史学家、诗人、逻辑学家、修辞学家、文法学家、医生、物理学家、政治家和道德学家[9]。他们有一部名为《智慧》的书，非常扼要而通俗地叙述各种科学常识。并按毕达哥拉斯派[10]的仪式，向人民宣讲这部书。

借助绘画容易掌握科学

按照"智慧"的命令，在内外城墙的里里外外和上上下下都悬挂着很美丽的图表，反映了各种科学的非常严整的逻辑联系。在神殿的外墙上，以及在为了使司祭讲道的声音不致分散能让听众听到而悬挂起来的帷幕上，画着各种星辰，并在每颗星下题有三行诗，来说明它的力量和运行情况[11]。

第一个城区的内墙上画着各种数学公式的图表，比昔日阿基米德和欧几里得所发现的还要多得多。图表的大小和墙的阔度成比例，并且在每个图表上用一首诗来作相应的说明。这样，人们在这里就可以看到某些定义和定理等。在这道城墙外边的拐弯处，首先画着全球的大地图；接着画着各个单独地区的地图，对于这些地区的风俗、法律和习惯，以及居民的起源和他们的力量都用散文作简短的说明；也画着所有这些地区所使用的文字的字母表，并在它们的下面注有“太阳城”的字母。

在第二个城区的城墙里边，或者说在第二排建筑物的里边，可以看到各种宝石及各种贵重的和普遍的矿产和金属的图形以及它们的标本，在每种东西的下面用两行诗加以解说。墙的外边画着海洋、河流、湖泊、泉水和世上所有的其他一些东西；也画着酒、油和各种液体的东西，并标明它们的产地、性质和特性。城墙的突出部分摆着一些器皿，里面装满了保存一百至三百年的、用来治各种疾病的液体。墙上还逼真地画着雪、雹、雷电以及天空的各种现象[12]，也都有相应的诗句加以说明。

第三个城区的城墙里边画着各种花草树木；其中有些植物还种植在瓦盆里，摆在城墙向外突出的部分，标明了它们原来的产地，它们具有什么效力和性质，并说明它们为什么与天空的现象，与金属中、人体中以及海洋中发生的现象相类似；也说明了它们在医药上的用途，等等。这道城墙的外面还画着各种鱼类——河鱼、湖鱼和海鱼，并说明每种鱼的习性和特点，以及它们的生活和繁殖情况，它们对世界和对我们有什么好处，它们为什么也与天然的或人工制造的天上和地面上的各种东西相同；而且这些鱼都根据我们所有的一些东西的名称来命名，例如主教、链条鱼、[13]铠甲、钉子、阳物、星星。当我看到它们的时候，不禁大为惊奇。这里还可以看到各种海胆、蜗牛、牡蛎，等等。一切值得研究的东西都画有醒目的图形，并在它们的下面附有说明。

第四个城区的城墙里边画着各种鸟类，并标明它们的性质、体积、习性、颜色和生活方式等。但他们并不认为凤凰是真有的一种鸟[14]。城墙的外边画着各种爬虫：蛇、能飞的蜥蜴、蠕虫；也画着各种昆虫：苍蝇、蚊子、牛虻和甲虫等，并说明它们的特性、毒性以及利用它们的方法等。那里画的这类动物甚至比我们想象中的要多得多。

第五个城区的城墙里边画着比较高级的地上动物，它们的种类真是多得惊人。我们所认识的，还不到其中的千分之一。它们的数目是这样多，规模是这样大，以致不得不把它们画到墙外。只就马类来说，画得多么美妙，解说得多么清楚！

第六个城区的城墙的里边画着各种手工业和它们的工具，以及各国人民所使用的工具。把这些手工业按其性质加以排列，并附有说明。也画着各种工具的发明者的肖像。在墙外边，画着各种科学和武器的发明者以及某些立法者；我在那里看到摩西、奥西里斯、丘比特、莫考莱、李库尔赫、庞皮利、毕达哥拉斯、扎莫尔克西、棱伦[15]及其他许多人的画像；其中也有穆罕默德的像，但是太阳城的人民看不起他，认为他是一个荒谬的和微不足道的立法者。他们对耶稣和十二使徒却极其敬慕，还把这些人置于其他人之上，并看作超人。我也看到恺撒、亚历山大、皮洛士、汉尼拔和其他一些在战争和从事和平事业中的著名的杰出人物（主要是古罗马人）的画像，这些人的像是画在墙的下部和柱廊下面的。当时，我很惊奇地问，他们是从哪里了解我们的历史的？后来我才明白，原来他们具有各种语言的知识，他们曾经常派出自己的观察员和使者到某些国家去了解它们的风俗习惯、实力、政治制度和历史，以及它们所有的一切好的和坏的东西，然后再向自己的国家汇报；他们对所有这一切特别感兴趣。我在那里也知道，原来中国人早在我们以前就发明了以石球为弹的大炮和印刷术[16]。太阳城有许多教师负责讲授这些绘画的意义；因此，儿童们在十岁以前就能毫不费力地、轻松地通过直观教学法来掌握各种科学的基本知识了。

统治者“爱”掌握的职权

“爱”首先掌管有关生育的事务，监督两性的结合，以便使后代成为最优秀的人物。他们嘲笑我们对于犬种和马种的改良特别重视，而对于人种的改良却不重视。抚育儿童、医疗、制药、播种、收割庄稼和收获水果、农业、畜牧业、伙食，总之，关于衣、食以及性关系的各种工作，都由“爱”来掌管。许多男女教师在他的指挥下来监督这一切工作。

“形而上学者”直接在上述三个领导人的协助下，主持太阳城的一切工作。一切工作非经他的批准不能进行。他们的共和国的一切事务，都要由这四个人来讨论，“形而上学者”的意见，其余三人必须遵从。

管理员：但请您讲一讲这个国家有哪些公职、机关，居民有哪些义务，受什么教育，以及他们的生活方式？这个国家是共和政体，君主政体，还是贵族政体[17]？

最好的共和国的产生和必要性

航海家：这个民族来自印度，他们是在祖国遭受蒙古的掠夺者和暴徒的破坏后逃出来的，因此他们决定过严肃的公社生活。虽然生活在他们这个地区的其他居民中并未规定公妻制度，但太阳城的居民却在一切公有的基础上采用这种制度。一切产品和财富都由公职人员来进行分配；而且，因为大家都能掌握知识，享有荣誉和过幸福生活，所以谁也不会把任何东西攫为己有。

太阳城的人断言，我们的所有制之所以能形成和保持下来，是由于每个人都有自己单独的住房，自己的妻子和儿女。自私自利就是由此产生的；因为人们都想使自己的儿子得到很多财富和光荣地位，都想把大批的遗产留给自己的后代；我们当中的每个人为了想成为富人或显贵，总是不顾一切地掠夺国家的财产；而在他还没有势力和财产的时候，还没有成为显贵的时候，都是吝啬鬼、叛徒和伪君子。但是，如果我们能摆脱自私自利，我们就会热爱公社了。

管理员：既然每个人都想靠别人的劳动来生活，那就没有人愿意劳动了。关于这一点，亚里士多德曾反驳过柏拉图。

航海家：我是一个令人讨厌的好争论的人，但我可以使你深信，他们是那样令人难以想象地热爱祖国，正如根据传说大家都知道的那样，罗马人是甘愿为祖国牺牲生命的，可是，太阳城的人民比罗马人更加热爱祖国。因此，他们也就比罗马人更加藐视私有财产。至少我深信，我们的法师、僧侣和教士并不溺于亲人和朋友的私爱，但太阳城的人民却比那些不大依恋私有财产、也不大热爱自己的亲人[18]的人民更加圣洁得多。

管理员：这好像是圣奥古斯丁[19]说过的，但是我认为，既然在他们之间不可能有互助关系，那么在这种人之间就不会有什么友谊了。

航海家：与你说的恰恰相反，他们之间有很密切的互助关系。我们应该注意这样的一个事实：虽然他们彼此没有什么馈赠（因为他们都能从公社里得到所需要的东西；负责人员严密地监视着，不让任何人获取超过他所应得的东西，但也不会不给他所必需的东西），但他们之间的友谊却表现在战争和生病的时候以及进行科学竞赛的时候，那时他们都彼此帮助，互相启发；要不然，就表现在颂扬和提意见上，在执行义务时，也表现在必要的互助上。

一切同岁的人彼此称为兄弟，比自己年长二十二岁的人称为父亲，比自己小二十二岁的人称为儿子。有负责人员严密地监视着，在这个集体中谁也不能欺负别人。

管理员：你说的是哪些负责人员？

航海家：太阳城的负责人员的名称正如我们所有的美德的名目那样多。因此每种职务都有一种美德的名称：宽大、勇敢、纯洁、慷慨、刑事的公正裁判、民事的公正裁判、热心、诚实、慈善、殷勤、朝气、节制，等等。凡是从童年起在学校中被公认为最适合于担任某种职务的人，后来就挑选他担任类似的职务。由于在他们中间不会碰到抢劫、杀人、暴行、乱伦和淫乱，以及我们的人民常犯的其他罪行，所以，他们对于忘恩负义、仇恨、彼此不尊重、懒惰、沮丧、狂暴、小丑行为和撒谎都加以谴责。他们认为撒谎是一种可恨的瘟疫，凡是犯了罪的人，审判官按其所犯罪行的严重程度，在一定时期内剥夺他在公共食堂用饭的权利、与女性接触的权利或其他光荣的权利。

关于公诉

管理员：请你讲一讲他们是用什么样的程序选举负责人员的？

关于衣着教育和选举

航海家：为了使你能清楚地理解这一点，必须先介绍一下他们的生活方式。首先，你必须了解他们的服装几乎是男女一样。不过女子的斗篷长到膝盖以下，而男子的斗篷，为了便于作战，所以长到膝盖。他们共同学习各种科学。孩子们从两岁到三岁时就在房屋墙壁的周围游玩，并学习和读念字母，他们分为四组，由四位领导他们的有学问的老人[20]来照管。稍大以后这些老人就教他们体操、跑步、掷铁饼和其他可以平均发展四肢的体操和游戏。到了七岁，他们经常光着头、赤着脚行走。同时，把他们送到一些作坊去学着当鞋匠、面包师、铁匠、木匠和画师，等等，以便了解每个人将来的志向。

到八岁时，在他们根据墙上的字画学完初等数学以后，就让他们去听各门自然科学的课。每门课程有四位讲师讲授：分四个组轮流学习他们的课程，以四个小时为限，一部分人在进行体育锻炼或履行公职时，另外一部分人则专心地听课。

接着，大家开始研究比较抽象的科学：数学、医学和其他学术，并经常举行热烈的讨论或辩论。然后，大家在各个科学或手工业部门中获得职务，在那里，他们可以取得很大的成就，因为每个人都有自己首领式的领导人指导工作。有时也派他们到田野和畜牧场去观察和学习农业和畜牧业；凡是精通技艺和手艺的人，凡是能很熟练地应用它们的人就会最受人重视和尊敬。所以他们嘲笑我们鄙视工匠，反而尊崇那些不懂任何手艺、游手好闲、役使大批奴仆过寄生和腐化生活的人。这样的社会就好像一所培养罪恶的学校，培养出那样多的懒汉和恶棍，以致使国家濒于灭亡。其他的负责人员都是由四个主要统治者，即“☉”（“太阳”）、“篷”（“威力”）、“信”（“智慧”）和“摩尔”（“爱”）选派的，并由相应的科学和手工业部门的领导人参加选派工作，因为他们很了解谁最适合领导某个手工业工场，谁具有某种美德。任何人都不能像通常的惯例那样，自己出面竞选，而要由负责人向大会提名；在大会上，每个人都可以根据自己所了解的情况，对某位人选表示赞成或反对。

但是，要获得“太阳”称号的人，一定要熟悉各民族的历史，他们的一切风俗、宗教礼仪和法律，要熟悉各个共和国和君主国的情况，以及立法者、科学和手工业的发明家，也要了解天体的结构和历史。为此，他也必须了解各种手工业（只需要两天的时间就能了解其中的一种，虽然实际上不能精通它，但要懂得如何应用和说明它）。同时，也应该懂得物理学、数学和占星学。掌握各种语言倒并不是怎么重要的事，因为他们已有为自己共和国翻译各种语言的许多译员。但人们对“太阳”的要求主要的是要懂得形而上学、神学、各种艺术和科学的起源、原理和论证，万物的同异关系、世界的必然性、命运和和谐、万物和神的威力、智慧和爱、存在物的等级，它同天上、地面上和海中的东西以及神所理想的（凡人也能了解的）东西的类似关系；同时，他也应该懂得占星术和了解各个先知的情况。因此，人们早就能了解，谁能成为“太阳”。但是，未满三十五岁的人是不能获得这个称号的。这个职位是终身的，除非是发现另一个比自己的先驱者更贤明、更有能力治理国家的人，才会更换。

“太阳”的选举

管理员：但是，难道一个人真能掌握这样渊博的学识吗？我想，一个献身于科学的人未必能管理国家。

航海家：我也像你说的这样反问过他们。他们是这样回答我的：“无疑地，比起你们来，我们能更清楚地了解，这样有学问的人，是一定能英明地管理国家的；你们却捧一些不学无术的人做政府的首脑，你们认为他们适合做政府的首脑，只是因为他们出身于统

能否使贤明的人有管理的能力

治阶级，或者他们是由统治集团中选出来的而已。而我们的‘太阳’即使在管理国家方面完全没有经验，但由于他如此贤明，所以他不会是残酷无情的人，不会犯罪，也不会成为暴君。此外，你要知道，既然你们把那些精通文法或亚里士多德和其他某个作者的逻辑的人看作是最有学识的人，所以你的论据只对你们自己有效。这种贤明需要的只是呆板的记忆力和使人们养成一种保守习惯的劳动，因为他们不去研究事物的本身，只是去读死书和研究事物的死的标志；既不懂得上帝用什么方法统治万物，也不了解各个民族的风俗习惯和自然界中存在着一些什么东西。而我们的‘太阳’却不是像你们那样的贤明的人。要知道，一个人是不可能掌握那样多的艺术和科学的，也不可能成为特殊的万能者。但我们的‘太阳’却能很好地治理国家。我们也很清楚地知道，只研究某一门科学的人，也并不能完全掌握这门科学，更不能掌握其他的科学。只能从书本上研究某种科学的人，是一些外行和学究。能随机应变的有才智的人却不是这样做的，他们能接受各种知识，能根据大自然去了解事物。我们的‘太阳’必须是而且也应当是这样的人。此外，正如你看到的，在我们的城市中是很容易掌握知识的。我们的学生在一年内所取得的成就，比你们的学生在十年或十五年内所取得的还要多。关于这一点，请你考一考我们的儿童吧！”

我对几个很懂我国语言的孩子考试以后，证明了他们的这种说法是对的，这使我非常惊异。我后来知道其中的每三个孩子，必须懂我国的语言，或者懂阿拉伯语，或者懂波兰语，或者懂其他国家的语言。此外，他们还尽量利用其他休息时间去求取更多的知识，为此，他们被送到野外去练习赛跑、射击、掷标枪、用前膛火枪打靶、猎捕野兽、辨识草木和各种石头，等等。也分别参加农业队或畜牧队学习农业和畜牧业。

“太阳”手下的三位统治者应当研究的只是属于他们管理范围内的科学，他们只是通过直观教学的方法，学习大家都要学习的其他科学。自然，他们必须比其他任何人更精通各种东西。例如“威力”就必须精通骑术、建军、安营、各种武器和军械的制造。必须精通军事诈术以及一般的军事学。而且，这些统治者还必须是哲学家、历史学家、政治家和物理学家[21]。

管理员：现在，我想请你详细地讲一讲他们的每种设施，最好也讲一讲他们的社会教育。

航海家：在他们那里，房屋、宿舍、床铺和其他一切必需的东西都是公有的。每隔六个月，由主管人员安排每个人的居室，指定谁住第一宿舍，谁住第二宿舍，并在每个宿舍的门楣上贴着居住者的名字。他们不分性别都从事抽象科学的研究工作和某种职业，所不同的只是，男性从事最辛苦的职业和郊外的工作，例如播种、耕耘、收获、打谷、采葡萄。而挤羊奶和制干酪的工作通常是派女性去做的；她们也在近郊区从事割草和园艺工作。妇女还从事各种坐着和站着的劳动，例如纺织、缫丝、缝纫、理发、修面、制药和缝制各种衣着。但是木匠、铁匠[22]和制造武器的工作，妇女是不做的。如果她们有绘画的才能，可以让她们从事绘画。至于演奏音乐，那只是妇女的工作，因为她们演奏起来能令人悦耳，但是，她们和儿童都不吹喇叭和打鼓。做饭和摆桌准备吃饭也是她们的职责；进餐时的服务工作，则由二十岁以下的青年男女担任。太阳城的每个城区内都有自己的厨房、商店和贮藏用具、食物和饮料贮藏室。由两位年高望

男女生活的同一性及其工作的分配

重的老人和老妇人来监督大家履行义务的情况，他们手下有管理的人员，他们有权惩罚或命令惩罚玩忽职守和不听话的人；同时他们也表扬和奖励那些履行义务比别人出色的男女青年。一切青年人要服侍四十岁以上的人。在晚上，在快要睡觉时，在早上，都有两位男女领导人指挥一部分青年人去轮流为每间宿舍服务。青年人都以彼此互助为己任，如果逃避自己的职责，必将自讨没趣。

关于饮食

食堂的餐桌摆成两排，每张桌子的旁边都排列着两行座位，一行是男人的，一行是妇女的，大家保持肃静，鸦雀无声，有如修道院的食堂一样。用餐时，有一个青年人站在高处拖长声音清晰而响亮地念圣书，但有时当某个负责人提醒大家注意其中某段的重要性时，也会打断他。一些穿得很漂亮的青年人敏捷地侍候人们用餐，看起来真是一幕非常动人的景象；他们是那样有礼貌，仪表优雅和亲切，就像朋友、兄弟、儿子和父母生活在一起一样。每人有自己的一块餐巾和一个钵子，分得一碗稀汤和一份菜肴。由医生负责掌握每日的菜单，吩咐厨师给老人、青年人和病人做各种不同的膳食。负责人员的膳食比较丰厚，但他们常常把自己的一部分膳食分给那些每天早上非常积极地参加学习、学术性座谈会和军事学习的儿童。人们认为这是一种最大的光荣。每逢节日，用餐时他们都要欢唱；由几位或某一位歌手在诗琴（古时一种像琵琶的弦乐器）等乐器的伴奏下歌唱。由于每个人都热情地服务，所以保证了一切工作总是尽善尽美的。由受人尊敬的中年以上的人监督厨师和食堂的工作，并仔细检查床铺、房屋、器皿、衣着、工作间和仓库的清洁工作。

关于衣着

太阳城的人民穿白色衬衫，衬衫上面罩着一件连裤的无袖衣服，这种衣服从肩部到外胫和从脐部到两腿之间的后部开缝，每排缝都扣着一排扣纽。裤脚用带子系住，腿上罩着像皮靴筒一样的带扣的护腿套，外面再穿上鞋子。我在前面已经说过，他们还披着斗篷。当他们脱下斗篷后，就可以看出他们的连裤无袖的衣服多么合身。他们在一年中要换四次衣服，就是在太阳进入白羊宫、巨蟹宫、天秤宫、摩羯宫的标志[23]的时候；由医生和各个城区的衣着保管人根据需要的情况来分配衣着。令人惊异的是，他们各个季节所需要的衣着，无论数量多少或厚薄如何，都能准时供应。他们穿的衣服是白色的，每月用强碱液或肥皂洗一次。

建筑物的下层是作坊、厨房、贮藏室、仓库、军械库、食堂和澡堂。但他们是在走廊的圆柱旁边洗澡的，脏水经过下水道流入沟里。在每个城区的广场上都有喷水池，用一种装有很巧妙的水阀的装置把水通过管子从山里引来。他们也使用蓄水池的水，这种水是从屋顶上流下来后通过用沙土做的导水管流入蓄水池的雨水。他们经常根据医生和领导人的指示沐浴。他们在柱廊的下层研究各种手工业，在挂着相应的图表的阳台和回廊的上层研究抽象的科学；而神学是要在神殿中研究的。在房屋的进口处和城墙的雉堞下装置着指示时间和风向的日晷和风向仪。

管理员：请你讲讲关于生育的情况。

关于生育子女和双亲的教养

航海家：任何一个妇女在未满十九岁时不能同男子发生性关系；男子在二十一岁以前（如果身体不好，还要推迟一些时候）是不能生育子女的。虽然对未满法定年龄的个别男子也允许他与女子发生关系，但以该妇女已经怀孕或者是不能生育者为限。而这种例外的规定，目的在于使人们不沉溺于违反自然的行为。中年以上的男女领导人常常关心如何去满足那些性欲比较强的和性欲容易冲动的人的性要求；他们根据这些人的秘密要求而了解这种情况，或者是在古雅典式的体育学校上课时看出这种情况。但要得到主管生育的人员，即得到在统治者“爱”领导下的有经验的医生的同意，才能满足这些人的性要求。凡是犯鸡奸罪而被揭发的人都严加惩处，罚他把鞋挂在脖子上示众两天，以示其违反自然秩序，仿佛是把脚放到头上来了。如果重犯，就加重惩罚，甚至处以死刑。反之，年满二十一岁，甚至年满二十七岁仍然保持童贞的人，就会受到人们特别的尊敬或在公共的会议上受到表扬。在古雅典式的体育学校上课时，所有男人和女人都要按古代斯巴达人的风俗把衣服脱光。这样，领导人就能够根据他们体格的情况，来确定哪个男人最适合同哪个女人性交；他们只需很洁净地洗过一次澡后，就可以每三夜进行一次性交。体格匀称和美貌的女子，只同体格匀称和健壮的男子结合；肥胖的男子与消瘦的女子结合，消瘦的男子与肥胖的女子结合，为的是使他们能得到有益的平衡。晚上，孩子来替他们铺好床铺，然后根据男女领导人的命令，引导他们到卧室去睡觉。只是在吃了东西消化以后并向天神[24]做了祈祷以后才能性交。在卧室中摆着一些名人（男人）的漂亮雕像，为的是使女子经常去看它们；同时，让女子从窗内仰望上天，祈求上帝赐给她一个受人尊敬的后代[25]。男女在性交之前，要在两个分开的小房间之内独寝。性交时辰一到，就有一位女领导人从外面把两扇门打开。性交的时刻，要由星相家和医生[26]努力抓住以下的时刻来决定：金星和水星处于太阳以东的吉室中，木星处于良好的方位，土星和火星也要处于良好的方位或处于它们的方位以外。这对于经常成为阿费塔的太阳和月亮来说，也是特别重要的。他们喜欢星占表中的室女座，但也密切注意，使角落里不出现凶星，因为它们会在正方形的和直径的方位上影响形成的某些角落，而这些角落是可以根据整个或部分宇宙的协调来决定生命力的根源的。他们竭力追求的不仅是同行，更重要的是良好的方位。他们在建立城市和制定法律时也注意到同行，但要在金星和土星都不占首要地位的时候，只有在它们处于最好的方位时才是例外。他们也注意恒星所处的位置。

如果双亲在性交前三天不戒欲，不澄清自己的一切坏思想，不祈求上帝和表示忠于上帝，那他们就认为这是不能容忍的。至于那些为了满足快感，为了健康的需要或为了满足强烈的性欲而与孕妇、不能受孕的或令人蔑视的妇女发生关系的人，就不必遵守这些规则。那些同时又担任司祭的负责人员和那些有学问的教师，由于他们从事紧张的脑力劳动而削弱自己的生命力和耗费脑力，由于他们要经常思考某些问题而有生出体质衰弱的子女的危险，所以他们要在很多日子内，遵守许多条件的情况下才能性交。为了尽量避免这种危险，所以就先让这些有学问的人与活泼热情和美丽的女子结合。反之，精力旺盛、敏感、不安分和性情暴躁的男子则配以肥胖而性情温和的女子。太阳城的人民肯定地说：赖以发展美德的完美的体格，通过体操是锻炼不出来的；天性上有缺陷的人，只是由于他们害怕法律或上帝，才很好地工作，否则，他们就会秘密地或公开地危害国家。因此，应该把整个主要的注意力集中地放在生育子女问题上，必须重视的是双亲的天赋品质，而不是嫁妆和不可靠的贵族身份。

妇女初次与男子性交后而不受孕者，便配给另一个男子；如果多次与男子合欢而仍不受孕，便被宣布为“公妻”，而且也就不能像主妇那样在“生育会议”上，在神庙和公共食堂中受人尊敬了。这种办法是为了防止某些妇女贪图欢乐而有意避孕。妇女受孕后在两个星期内，不必从事体力劳动，此后，做些轻微的工作，使胎儿易于吸取母体的营养而生长健壮，同时也可以加强母体本身，然后，再做一些比较繁重的工作。根据医生的指示，只发给她们维护健康的食物。分娩以后，她们就在一所特设的公共大厦里休养并照料婴儿。哺乳期为两年，但可以根据“物理学家”的指示加以延长。断乳后，小孩便按性别交给男首长或女首长抚育。于是他们就和其他儿童在一起轻松地学习字母、看图、赛跑、游戏和角力；并根据画图认识历史和各种语言。他们穿着漂亮的花衣服。到了七岁就开始学习自然科学，然后学习其他的科学，接着，根据首长的鉴定，再学某一门手艺。天分比较差的儿童被送到乡下去，但其中知识比较发展的，又可以接回城市。在同一个时日同一个星座照临时出生的儿童，他们的天分、性情和面貌大多数是相似的；因此他们总是互助互爱，而使这个国家呈现一片和谐的景象。

关于命名

太阳城人民的名字并不是随便取的，而是由形而上学者根据每个人的特点来命名的，就像古罗马人的习惯那样。因此，有的叫“美男子”，有的叫“大鼻子”，有的叫“腿粗的人”，有的叫“勇猛的人”，有的又叫“坏蛋”，等等。至于那些手艺出众，或在战时和平时建立某种功勋的人，那就根据他们的专业在他们的名字上加上一个相应的外号，例如，“漂亮而伟大的画家”、“很可贵的”、“优异的”、“伶俐的”；根据功勋加的外号，例如，“大鼻子勇士”、“滑头”、

“伟大的或最伟大的胜利者”；因战胜某地敌人而加的外号，例如，“非洲的”、“亚洲的”和“托斯卡纳的”；如果有谁战胜了曼弗列德或托尔捷里，就叫他“恶劣的曼弗列德”、“托尔捷里”等。这些外号由最高当局隆重授予，授予时往往还根据他们的功勋和技艺等，在乐声中授予花冠。不用金冠或银冠，因为他们只把金银当作用来制造器皿或各种公共装饰品的材料。

管理员：没有被选为首长或被选上自己所希望的位置的人，不会怀嫉妒心或表示懊丧吗？

航海家：绝不会的。因为太阳城不仅能满足每个居民的需要，而且还能满足他们的各种娱乐。关于生育，他们把它看作是为国家谋利益的宗教方面的事情，而不是个人的事情，而且必须服从政权的调配。我们认为每个人应该有自己的房屋、自己的妻子和孩子，以便了解和教养自己的后代，这是一种天然的权利；但太阳城的人民反驳这一点说，生儿育女的目的，正如圣托马斯[28]所说的，乃是为了保存种族而不是为了保存个人。因此，生育后代是一个关系到国家利益的问题，而不是个人利益的问题；个人仅仅是作为国家的一分子才与这个问题有关。因为，大部分的人总是不善于教养后代而使国家濒于灭亡，所以，负责人员的神圣职责是把这一点当作国家福利的重要基础来进行监督；而只有公社才能做到这一点，个人是无法做到的。因此，男女的配合必须根据他们天赋的优良品质和哲学的原理来决定。柏拉图认为配偶的结合应该用抽签[29]的办法来决定，以便使那些得不到漂亮妻子的人，不会因嫉妒和愤怒而反抗政府；柏拉图也认为，政府在抽签时，应该巧妙地用欺骗的办法使那些不配配给最美丽女子的男子获得相称的女

关于嫉妒心和虚荣心的根除[27]

子，但不是他们自己所追求的女子。

关于妇女的美的内容

但在太阳城，这样狡猾的办法是用不着的，在这里不需要想办法使丑陋的女子与丑陋的男子结合，因为在太阳城的人民中根本看不到丑陋的人；妇女们由于都要工作，所以她们的皮肤呈健康色，身体的发育也很好，都成为一些体格匀称和富有朝气的人；那里的人认为体格匀称、活泼和富有朝气就是她们的美。因此，那些愿意把美的基础建立在“脸上涂脂抹粉，穿高跟鞋来显示身材，穿长裙来遮掩粗腿”之上的妇女，就要处以死刑。但这一切愿望是谁也无法实现的，因为没有人来供应她们这些东西。太阳城的人民武断地说，这种刁钻古怪的愿望之所以出现在我们国家里，是由于妇女们的游手好闲，无所事事，这就使得她们的面貌衰老、容光减色、肌肉松弛，也不能匀称地发展体格；因此她们不得不涂脂抹粉，穿高跟鞋，她们不是用发展体格来达到美，而是以弱不禁风的体格为美，这样，不仅破坏了自己的自然发展和健康，而且也破坏了她们后代的自然发展和健康。

此外，如果某个男子热爱某个女子，那他们可以在一起谈话、说笑话，可以彼此献诗和赠送花束与花环。但是如果一对情人的性结合不能保证生育，那就绝对禁止性交，但已受孕的女子（在这种情况下她必然希望与她的爱人结合），或已确知其不能生育的女子，则不在此限。而且，他们的爱情主要是出于友情，而不是出于肉欲。

他们很少关心日用品和食品，因为每个人都可以得到他所需要的一切，他们所关心的只是如何光荣地获得奖品。通常是在庆祝会聚餐时，由国家发给男女英雄们美丽的花冠，或最考究的佳肴，或漂亮的衣服。

太阳城的人民虽然在白天和在城内穿白色服装，但在夜间和在城外则改穿红色的毛织的或丝织的衣服；他们很讨厌黑色，认为它是一种看起来很肮脏的颜色，所以他们认为日本人喜欢这种阴暗的颜色是很不合适的。

关于服装的颜色

他们认为骄傲是一种最可憎的毛病，所以极端鄙视各种骄傲的行为。因此，他们谁也不会认为在食堂和厨房工作或照顾病人等等是一些不体面的工作。

反对骄傲

他们把任何一种服务都称为学习。而且据他们说，一个人用两只脚走路，用屁股出恭，用眼睛看东西和用舌头说话，都同样受人尊敬；因为，需要用眼睛来分泌眼泪，用舌头来分泌唾沫，也和需要用屁股出恭是一样的。所以，每个人无论分配他做什么工作，都能把它看作是最光荣的任务去完成。使用仆人的结果使人养成腐化的习惯。他们那里是没有仆人的，因为他们完全可以自己为自己服务，甚至服务的人还绰绰有余。唉！在我们这里却不是这样的；拿那波利城的七万居民[30]来说，其中差不多只有一万至一万五千人从事劳动；这些人由于逐日从事力所不及的不间断的工作而精疲力竭，或濒于死亡。至于其余那些游手好闲的人，却因无所事事、悭吝、疾病、淫逸放荡、高利盘剥等等而在危害着自己。那些在贫困的压迫下不幸沦为奴仆的多数人也被他们所败坏，沾染了他们主人的各种恶习。结果人们都不大愿意去履行社会义务和完成有益的工作。只有很少的人怀着非常厌恶的心情去从事艺术工作和手工业，去耕耘土地和服兵役。

公共同劳动的好处

但在太阳城里，一切公职、艺术工作、劳动和工作[31]，却是分配给大家来承担的，而且每人每天只做不超过四小时的工作；其余的时间都用来愉快地研究各种科学、开座谈会、阅读、讲故事、写信、散步以及从事发展脑力和体力的活动，而且大家都乐意从事这一切活动。只是不准许玩骨牌、掷骰子和下棋以及其他静止不动的赌博游戏[32]；打球、棒球、套环、摔跤、射箭、射击和标枪等是准许的。

他们武断地说，极端的贫困使人们卑贱、狡诈、圆滑、盗窃、阴险、无权、虚伪和作假等等；财富则使人们傲慢、自负、无知、背信；他们那里没有什么骗子、冷酷无情的人、好吹牛的人以及器量小的人，等等。但是他们的公社制度使大家都成为富人，同时又都是穷人；他们都是富人，因为大家共同占有一切；他们都是穷人，因为每个人都没有任何私有财产；因此，不是他们为一切东西服务，而是一切东西为他们服务。正因为如此，所以他们竭力颂扬虔诚的基督教徒，特别是过分颂扬耶稣派出传教的使徒[33]。

关于公妻的论断

管理员：我看这一切固然很好，而且是虔诚的，但我觉得公妻是一个困难的问题。诚然，罗马的圣克里门特[34]说过，根据使徒的教谕，公妻是应该的；他很赞成苏格拉底和柏拉图所宣扬的这种公妻主张。然而，《注释》[35]认为这种公妻制度应该理解为妇女为大家服务，而不是大家公有的妻子；德尔图良[36]同意《注释》的主张，并提到早期的基督教徒的一切财产都是公有的，然而作为为大家服务的妻子却不包括在内。

航海家：我对这个问题了解得太少。但我发现，太阳城人民的公妻虽然既涉及服务问题，也涉及性交问题，但绝不像一般动物那样，同任何女性都发生性关系；而是像我已经说过的那样，是为了根据一定的制度生产后代。可是,我认为他们的这种做法也许是错误的[37]。虽然他们倒是根据苏格拉底、柏拉图、迦图[38]和圣克里门特等人的见解来提出自己的证明,但正如你说的那样,他们也许理解得并不正确。据他们说,圣奥古斯丁也很赞成公社,但不赞成公妻制,因为这是尼古拉派的异教[39]的邪说。我们的教会容许私有制的存在,只是为了避免更大的灾祸而不是为了获得更大的幸福。但是,也许太阳城的人民终有一天会废除这种风俗的,因为归附太阳城的那些城市所公有的只是财产,而绝不是那种只是为大家服务并从事手工业的妻子。而且太阳城的人民认为,其他的民族由于还没有很好地掌握哲学,实行这种制度是不行的。但他们还是经常派人去了解其他民族的风俗习惯,吸取其他民族的比较好的风俗习惯。由于太阳城人民有了这样的习惯,所以妇女们既能懂得军事,也能负担其他的一些任务。因此,根据我个人所看到的这些来说,我是同意柏拉图的论点的;而凯耶塔[40]的论据,特别是亚里士多德的论据,却不能使我信服。

原来他们那里有一种优点值得我们仿效,那就是,身体上有任何缺陷的人都不会无所事事。年近老年的人虽然除外,但还是可以吸收他们来参加一些会议。跛子可以充当看守员,因为他还有视觉;瞎子可以用手梳羊毛,装褥垫和枕头;失去手臂和眼睛的人,可利用他们的声音和听觉等等来为国家服务。最后,如果是只有一只手或一只脚的人,那就利用他到乡下去工作。尽管他身体残废,还是能获得很好的待遇,因为他们可以在乡下做监视工作,把所听到的一切向国家报告。

管理员:现在请你讲讲关于军事的情况,然后再讲讲关于他们的宗教、手工业和艺术的情况。

关于军事

航海家：领导人"威力"领导着执掌军人装备的首长、炮兵首长、骑兵首长和兵步首长、军事工程师、战略家，等等，他也直接领导很多军事首长和军事专家。此外，他还领导负责对全体公民进行军事训练的大力士。当这些大力士达到成熟年龄并成为有经验的领导者时，就由他们负责领导十二岁以上并在低级指导员的指导下受过角力、赛跑、掷石等训练的男孩使用武器[41]。这时这些男孩开始学习同敌人搏斗，同马和象搏斗，学习击剑，使用标枪和矛，学习射击、掷石和骑术，训练进攻和退却，学习保持战斗队形、支援战友、防止敌人的进攻和退却。妇女也在她们的男女指导员的指导下受这一切训练，为的是在受到意外的攻击和猛攻而有必要时，她们也能像她们所颂扬的斯巴达妇女和亚马孙女人[42]那样，帮助男子在城下作战，保卫城池。

因此，太阳城的人民很会使用前膛火枪，能制造铅弹并能从城堞向下投石，击退敌人的进攻；他们是绝不畏缩的，对于临阵退缩的人要给予最严厉的惩处。太阳城的人民绝不怕死，因为他们深信灵魂不灭，认为灵魂虽然离开躯体，但还要根据他在尘世生活时的行为，来决定他归附于善神或恶魔。虽然他们归附婆罗门[43]和毕达哥拉斯派，但他们认为，除了在个别情况下根据神的意志以外，灵魂是不能轮回的。他们对国家和宗教的敌人是毫不宽恕的，也像对那些不配受人尊敬的人一样。

他们每两个月检阅一次军队，他们每天都在野外（受骑兵训练时）或在城里受军事训练。在这些作业中也包括学习军事理论，阅读有关摩西、耶稣·纳文、大卫王、马卡比、恺撒、亚历山大、西庇阿[44]和汉尼拔等人的历史。阅读之后，每个人都根据自己的理解提出意见。例如，认为某人的行为很好，某人的行为不好，某人值得学习，某人值得受尊敬，然后由教师来解答所有这一切问题。

管理员：他们既然如此幸福，又根据什么理由去同什么人进行战争呢？

航海家：尽管他们不会发动战争，但大家都不放弃军事训练和狩猎，以便使自己不至于变得软弱，不至于被敌人突然攻其不备。此外，还因为在那个岛上还有四个王国，它们非常忌妒他们所过的幸福安宁的生活，因为这四个王国的居民竭力想按太阳城人民的那种风俗习惯生活；宁愿受他们政权的统治而不愿受本国政权的统治。因而这些国家借口太阳城侵占它们的边界、太阳城人民不敬神而常常对他们发动战争；因为他们不崇拜偶像，不像多神教徒和古代的婆罗门教那样的迷信。例如，从前与他们同国籍的印度人和当初仇恨他们的塔普罗巴尼岛的居民，就常常向他们进攻。

进行战争的方法

然而，太阳城的人民总是胜利的。只要他们受到压制、凌辱和抢劫，或者当他们的同盟国受到压制时，或者被暴政压迫的城市请求他们援助时，他们马上就召开大会。那时，他们要做的第一件事是，跪下来祈求上帝，请他指示他们作出最妥善的决定，然后再讨论应该做些什么事情，接着就准备宣战。他们立刻派出一个司祭去做说客，去要求敌人把掠得的东西交还，或者停止对盟国人民的压迫，或者废除暴政。倘使遭到拒绝，他就宣战，并祈求司惩罚之神，即万军之主消灭那些坚持干不公正事业的人。如果敌人拖延答复，出使的司祭就给他们一个考虑的时限；是国王限一小时之内答复，是共和国政府则限三小时内答复，时限这样短促为的是使敌人无法进行任何欺骗。对那些破坏天赋人权和宗教的人所进行的战争就是这样开始的。

宣战以后,“威力”就负责指挥一切部队。他可以像罗马的独裁者那样独断独行,以免行动迟缓而危害国家。但如果发生特别重要的情况,他就要和“太阳”、“智慧”和“爱”进行协商。而且,在出征以前要由宣传者在群众大会上阐明战争的原因和进军的合理性。所有二十岁以上的人都出席这个大会。于是,对大家发布一切必要的命令。

应当指出,他们的武器库里有各式各样的武器,这些武器是他们在受作战演习的训练时经常使用的。在许多城区的外墙置有以石球为弹的大炮,炮手在它们旁边严阵以待。他们还有另一种同类的、也称为大炮的投射武器,这种大炮是用马车运到战场的,而其他的军需品和食品则用骡、驴和四轮大车来运输[45]。他们在原野上扎营以后,就把辎重、投射武器、大车、云梯和军用机械置于中央。于是准备迎接长期的、激烈的战斗,然后大家集中到自己的军旗附近。有时他们用一种诈术来诱惑敌人,让敌人认为他们要退却或准备逃跑,去追击他们;而太阳城的人民却分为两翼和两支部队,重新集中兵力,并命令炮兵发射出暴雨般的炮弹,再和惊慌失措的敌人战斗。他们也应用许多其他类似的战术。他们常常应用自己的军事机智和武器战胜所有的敌人。他们也仿照罗马人的办法安营扎寨,先扎起营帐,然后非常迅速地挖战壕和筑障壁。进行任何工作,使用各种战具和投射武器,都由专门的首长来领导;所有的兵士都会使用丁字镐和斧子。由五个、八个或十个精通战略和军事机智的指挥员组成军事会议,根据预先制订的计划指挥自己的部队。他们还携带一队武装的儿童骑兵出征，为的是使这些儿童能养成战争的习惯，养成像狮狼一样的猛勇习性，以及对敌厮杀的习惯；但在危险的时候，就把他们和武装的妇女一起隐蔽到安全的地带。发生战斗以后，由这些妇女和儿童来照应战士，给他们包扎伤口，服侍他们，并对他们表示抚爱或用言语来鼓舞他们。这只会产生非常好的效果，因为战士们为了在妻儿面前证明自己的勇敢，会拼命去建立战功；而且爱也可以激发他们成为胜利者。凡是第一个攻上敌人城墙的人，就能在战争结束后，在妇女和儿童呼喊英勇的欢呼声中获得一顶草冠[46]；凡是救全战友生命的人则获得一顶橡树叶编的普通的花冠；凡是杀死敌方暴君的人，就把暴君的盔甲送到神殿去上供，并由“太阳”授予表扬他功绩的相应的外号。他们当中也有获得其他各种花冠的。

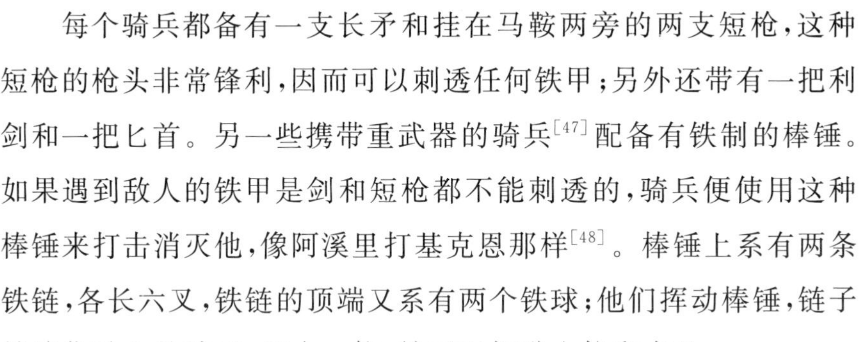

每个骑兵都备有一支长矛和挂在马鞍两旁的两支短枪，这种短枪的枪头非常锋利，因而可以刺透任何铁甲；另外还带有一把利剑和一把匕首。另一些携带重武器的骑兵[47]配备有铁制的棒锤。如果遇到敌人的铁甲是剑和短枪都不能刺透的，骑兵便使用这种棒锤来打击消灭他，像阿溪里打基克恩那样[48]。棒锤上系有两条铁链，各长六叉，铁链的顶端又系有两个铁球；他们挥动棒锤，链子就缠住敌人的脖子，用力一拉，就可以把敌人拉翻在地。

用脚驾驭马的窍门[49]

为了更灵活使用这种棒锤，他们不是用手而是用脚来驾驭马匹：把缰绳交叉地放在马鞍上，其顶端用扣子扣在马镫上，而不是扣在脚上；马镫的外方有一个小铁球，里方有一个三角形的东西，用脚的压力使这个三角形的东西转动，固定在马鞍皮带上的小球也就跟着转动，于是他们就可以非常迅速地把缰绳放松或勒紧；用右脚可以使马向左转,用左脚可以使马向右转。这个窍门甚至鞑靼人也不懂得,因为他们虽然善于用腿来驾驭马,但不会利用马镫上的滑车放松和勒紧缰绳来驾驭马。

战斗开始时由轻骑兵用前膛火枪射击,接着由矛兵布成方阵加入战斗,矛兵的后面是人们很重视的投石手,因为他们作起战来,能像纺织架上的线那样迅速地转动,有的奔向敌人的前方,有的轮流奔向后方。此外,轻骑兵还支援长矛部队作战。最后决战是使用利剑来进行的。

战争结束后,太阳城的人民就按照罗马人的习惯庆祝战争的胜利,而且仪式更加隆重,大家都做感谢上帝的祈祷;于是,统帅进入神殿,接着由一位按习惯应随军远征的诗人或史学家讲述战争中有关胜利和失败的事迹。然后由最高领导人给统帅戴上象征光荣与胜利的桂冠,而对英勇的军人则分别授予各种荣誉奖,并可以休假几天,不必做社会工作。然而由于他们不习惯于游手好闲而不喜欢休息,所以他们还是去帮助朋友们劳动。相反地,因自己的过失或放过获胜良机而遭受挫败的人,就会受到大家的鄙视;首先是临阵脱逃的人,要处以死刑,只有在这样的情况下,即全军都为他求情免死,或个别战士愿意为他承担一部分惩罚,才能免去死刑。但是,这种从宽处理的情况是很少的,只是在具有许多可以减轻罪行的情况下,才能从宽处理。凡是对盟友或战友不及时救援的人,要受到用树条赤身抽打的体罚;不执行命令的人则被放到有野兽的壕沟里,同时给他一根粗大棒,如果他能战胜他周围的熊和狮(但这几乎是不可能的),那就可以获得赦免。

被征服的或者自愿归顺的城市,其全部财产立即改为公有。

这些城市要接受由太阳城派去的驻防军和负责人，而且要逐渐采用太阳城的风俗习惯，太阳城就成为它们共同的首都，它们可以派遣自己的子弟到那里去受教育，而且不必为此负担任何费用。

关于侦察员和他们的首长，关于警卫队，关于太阳城内和城外的各种规章法令，我很难讲述，你可以自己去设想。因为，每个人的职务都是从童年起就根据他们的爱好和他们诞生时辰星象的配合而确定的，所以每个人在根据自己的禀赋进行工作时，都能胜任，愉快地履行自己的义务。因为，他们认为任何一种工作都是必然要做的。对于服军役或其他任何一种职业来说，也是这样。

太阳城的四道城门和第七个城区的外围工事，各个棱堡和塔楼以及各城的内垣，日夜都有卫兵把守。白天由妇女守卫，夜间由男子守卫。这样做是为了随时戒备，以防万一。他们也像我们的兵士一样，每三小时换岗一次。在日落时，在板鼓和音乐声中布置岗哨。

他们像进行战争那样，同时也像节日的时候步兵和骑兵在某些广场上进行军事演习那样来从事狩猎，狩猎完毕后奏起音乐，等等。他们愿意宽恕敌人对他们所犯的罪行和加给他们的凌辱。获得胜利后，他们总是对战败国的人民给予各种恩惠。如果决定要破坏敌方的城墙或把某个敌人处以死刑，那么这些决定是在宣布胜利的当天就执行的；执行了这些决定以后，他们就不断地对敌国人民施加恩惠；因为据说，战争的目的并不是要消灭敌国人民而是要改善他们的生活。

如果太阳城的人民之间因侮辱别人或其他的原因（他们的纠纷几乎都是为了荣誉的问题引起的）而发生纠纷，而且如果是由于偶尔发怒侮辱了别人，那就由执政者和属他管辖的首长秘密地惩罚犯了过失的一方；但如果是口头上对别人的侮辱，那就要延期到战争的时期再作判决，因为，据他们说，一个人只应该对敌人发怒，在战争里表现得更好的那一方就被认为是争端中有理的一方而胜诉，他的对方也就服气了。惩罚是根据公平的原则和相应的过失进行的，但决斗却不允许[50]，因为他们认为，一个人要证明自己的行为是对的，但应当在战争中去证明。

管理员：这就可以引起各种人注意到不能让个别的党派发展到灭亡国家的情况，从而可以消灭其结果往往出现暴君的内战，罗马和雅典的例子就是前车之鉴。现在请你讲讲太阳城人民的工作情况。

航海家：我已经对你说过，他们大家都参加军事工作，农业和畜牧业工作：他们每个人都能做这些工作，因为他们认为这些工作是最光荣的。虽然每个人都从事自己最能发挥特长的工作，但是其中精通更多的艺术和手工业的人要格外受人尊重。做最繁重的工作，例如，做打铁或建筑等等工作，也是很受人称赞的，所以谁也不会逃避这些工作；而且还要考虑到每个人的禀赋，由于这样分配工作，所以每个人所从事的劳动，都不会危害身体，反而会发展他们的体力。妇女则从事不太繁重的手工业。太阳城的全体人民都必须学会游泳，为此，在城里、城外和喷泉的附近都设有一些水池。太阳城的人民自己不会做生意，虽然他们也懂得货币的价值，他们也铸有供自己的驻外使节和侦察员用的货币。各国的商人都到这里来向太阳城的人民购买他们的剩余东西，然而太阳城的人民不做现金交易，他们用自己的产品按相应的价值来交换他们所缺乏的产品；如果他们也用钱的话，那只是为了用来购买外国商品。儿童们看到外国商人以大量商品换取很少的货币时，就加以嘲笑，但老人却不会嘲笑。因为他们担心奴隶和外国人会败坏他们城市的风尚，所以，是在城外同外国人进行贸易的。他们对于战争中俘获的奴隶，要么就是卖掉，要么就是用来挖掘壕沟，或用来在城外做其他各种苦工。

关于田野的保卫

他们经常派有四队士兵和一些工作人员一起去保卫田野。四座城门外有四条用砖铺的大道直通海岸，这对于运输和与外国人交往来说，是很方便的。

关于好客

他们接待外国人是殷勤和慷慨的，到那里的外国人在三天之内的一切费用都由公家支付。外国人一到，首先洗脚，然后带他们参观全城，介绍这个城市的结构，容许他们进入议会厅，并招待在公共食堂吃饭。派有专人负责为外国客人服务并保护他们。来客如果愿意做太阳城的公民，就必须受到各种考验，一个月下乡，一个月在城里。然后再作出是否接受的决定，如果接受，就为这些新公民举行一定的仪式和宣誓，等等。

关于农业

他们特别注意农业：没有任何一寸土地是不能收获的。他们根据风向和星座所处的良好位置来进行农业生产。到耕耘、播种、培土、除草、收获粮食和采摘葡萄的时节，除少数人留在本城之外，其余的居民一听鼓声和号声，一看到旗帜，就带着工具到田野去，一切工作都能在不多的几小时内完成。他们利用一种装有风帆可以迎风走动的四轮大车，而当没有风的时候，装置着一种可以非常巧妙地转动的车轮，所以只用一头牲畜就可以牵动。这是多么美好的景象啊！同时，有武装的田间卫兵来往巡逻，并经常换班。他们的土地既不施粪肥也不用污泥作肥料，因为他们认为这会败坏种子，如果食用这种作物，就会使体质变弱而缩短寿命，就像靠装饰打扮而不靠自己的活动锻炼出好身体的女子那样，生出来的后代是孱弱的。因此，他们的土地并不施肥而是进行深耕细作，并利用各种秘密方法，来使作物加速生长，来增加收获量和保护种子。为此，他们有一部名为《稼穑诗》[51]的书。他们只耕种所需的那部分土地，其余的土地则用来牧放牲畜。

关于养畜牧业

他们也像亚伯拉罕[52]时代一样，很重视马、牛、羊、狗以及各种家畜和驯熟牲畜的良好的繁殖和饲养方法。在牲畜交配时，他们很注意如何使它们能产良好的仔畜；在进行交配时，把良种的牛、马、羊等等的画图放在牲畜面前。他们不让种公马在牧场上去找母马交配，要在适当的时刻，即观察到人马座处在星占表中[53]火星和木星的良好方位上的时刻，才让它们在野外的马厩中进行交配。他们让牛交配时注意金牛座的位置，让羊交配时就注意白羊座的位置，等等；同时他们也根据科学的指示让这些动物交配。他们也养很多鸡（在昴星团[54]的庇护下）、鸭和鹅，这些家禽是由妇女以很愉快的心情在置有禽舍的城下来饲养的；同时，她们也在城下制造干酪、食油和其他乳制品。他们也饲养很多阉鸡和良种家禽。他们根据一本提名为《田园诗》的书来指导这一部分的饲养工作。

他们的各种产品都是丰富的，因为每个人都力图使自己的工作出色，每个人的工作量虽不大，但很有成效，而且他们都是很有能力的人。他们把主持其他任何工作的人也和主持上述工作的人一样，称为“王”；据他们说，这个称号应当给这种人，而不能给不学

无术的人。很令人惊奇的是，所有的男女都加入编组工作，并绝对服从自己的“王”，而且没有任何不满的表现（也和我们一样），因为他们都把“王”当作父兄一样尊重。太阳城有许多小树林和森林，他们常常在里边猎捕野兽。

关于航海事业

太阳城的人民对航海事业也非常重视。他们有既不借助于桨、也不借助于风力的一些特殊的船舶和帆桨并用的大船，它们靠一种非常精巧的机械行驶；但也有用桨或利用风力推动的船舶。他们很了解星辰和海洋涨潮和退潮的情况。他们有时航行海洋，是为了要去了解各个民族和各个国家的情况以及各地的产品。他们对任何人都不使用暴力，但他们也不会容忍任何人对他们使用的暴力；如果有人向他们进攻，他们就进行战斗。他们肯定地说，全世界将来都会按他们的风俗生活，因此，他们常常向外国人追问：有没有某个地方的其他民族能过比太阳城更值得称赞和更适当的生活[55]？他们和中国人以及一些岛上和大陆上的许多民族，即和泰国、交趾支那、卡利卡特[56]结成同盟，其目的只是为了能从这些国家那里获取某些情报。他们在进行海战和陆战时，都使用人造火器，并运用其他很多秘密的军事机智，因此，他们几乎总是战无不胜的。

管理员：现在，我很想听一听他们的饮食情况，他们如何生活，以及他们的寿命怎样。

关于整个共和国及其各部门的生活和食物

航海家：他们认为首先应注意整体的生活，然后才注意整体中的一部分人的生活。因此，当他们建立自己的城市时[57]，曾确定宇宙四个角落的固定标志。在星占表中，太阳以东的木星处在狮子宫；水星和金星处在巨蟹宫，但它们在近处，所以形成了同行；火星处在人马宫，即第五室，因为阿费塔和星占表扩大了，所以是吉祥的方位；月亮处在金牛宫，这是对水星和金星有利的方位，同时也不会因四方形的方位而危害太阳；土星力图处在第四室，但绝不会危害太阳和月亮，而且能促进基础的加固。福尔图娜跟大陵正处在第十室，据太阳城的人民说，这预示着统治、坚强和宏伟。于是，水星既然处在室女宫的好方位，而且在拱点上被月亮照射着，所以它不可能成为凶星；既然它成了吉星，所以，他们的星相学是值得重视的；但他们不大希望它处在室女宫同时又在合的方位上。他们能根据个别星辰所处的位置，来推测它们对生命力和长寿所起的影响；至于受胎时星辰所处的方位，就像前面已经说过的那样[58]。

关于食物

他们吃的是肉类、牛油、蜂蜜、干酪、枣类和各种蔬菜。起初，他们反对杀牲，因为他们认为这是一种残忍的行为，但后来他们又想到植物也具有天赋的知觉，伤害植物同样是残忍的。但是，如果这样行事，那人们就会饿死，因而他们认为下等生物是为高级生物而创造的，所以他们现在食用任何一种食物。但他们还是不愿意宰杀良种牲畜，例如，母牛和马就不愿意宰杀。他们对有益和有害的食物鉴别得很清楚；食物是根据医学的要求来决定的。食物经常分三次变换：第一天吃肉，第二天吃鱼，第三天吃蔬菜，然后又再吃肉，为的是不致伤胃而又不会使身体虚弱。容易消化的食物留给老年人吃，每天三餐，但数量不多；在公社食堂吃饭的人每日两餐，儿童则按“物理学家”的规定每日四餐。他们多半能活到一百岁，有的甚至活到二百岁。

关于酒

他们饮酒是很有节制的。未满十九岁的青年，除了健康情况需要外，一律不得饮酒。年逾十九岁的青年可以饮掺水的酒，妇女也可以饮这种酒。年逾五十岁的老人通常都喝醇酒。

他们吃各个季节里最有益健康的食物，并且要根据主管这方面的医生的指示来决定。他们认为上帝创造的各种食物对人是不会有害的，害处只在于人们饮食无度。因此，在夏天，他们多吃水果，因为水果新鲜多汁，能使人消暑解渴；在冬天，就多吃干食物；秋天多吃葡萄，因为上帝在秋天创造葡萄是为了它能消除烦恼和忧郁。

他们大量地使用香料。早晨起来大家把头发梳匀，并用冷水洗脸洗手；然后咀嚼或用手涂抹薄荷、洋荽或莳萝，老人则涂抹乳香。然后面向东方作简短的祈祷，这种祈祷和耶稣教导我们的很相似。此后，有的人去侍候老年人，有的去合唱，有的去办公；然后去上第一次课，上完课后到神殿去聚会，接着做体操，体操做完休息一会儿后就去吃早饭。

关于太阳城人民的疾病及其治疗[59]

他们那里没有痛风、手痛风、加答尔、坐骨神经痛、痃痛、浮肿、风湿等疾病，因为这些疾病是由于湿气和分泌不良造成的；而他们由于经常锻炼身体[60]，所以可以驱散任何风湿。因此，他们认为吐痰和咯吐这类不良习惯是非常可耻的，因为他们坚决说，这类习惯是由于缺乏锻炼、懒惰、酗酒和暴食而造成的。他们中间最流行的病症是痉挛病和各种炎症，对这些病症的治疗办法是吃那些对身体有益的、多汁的和富于营养的食物。他们治疗折磨人的热病的办法是，进行使人惬意的沐浴和多吃乳制品，到乡村去做愉快的消遣，以及从事轻微的、能使心情愉快的锻炼。性病是他们不会流行的一种疾病，因为他们常常用酒擦身，同时也擦香料油，并且从事体育锻炼，使所流出的汗可以发散那种能够败坏血液和骨髓的有害的东西。害肺病的人是很少的，因为他们不会害胸卡他；他们绝不会害因积湿而引起的气喘病。他们用喝冷水的办法来治疗热病。一日发一次热的用香料、肥汤、睡眠、音乐或娱乐来治疗；三日发一次热的就要给病人放血，吃大黄或其他清理内部的药，或吃轻微下泻的和酸性的汤药。但很少使用强烈的泻药。四日发一次热的容易治疗，办法是让病人受一次突然的惊吓，同时服用治疗这种病所特有的抗湿的草药。他们还把治疗的秘方拿给我看过。

他们特别努力治疗他们最怕的长期发热的病，出现这种病时，就要观察星象进行祈祷，并吃各种草药。至于五日、六日或八日以上发一次热的，在他们那里是绝对没有的，因为他们那里的人不会积湿。

他们常常在他们按罗马式建筑的一些公共浴室中沐浴：用一些油料擦洗；他们还发明多得多的、我们所不知道的各种药剂，用来保持清洁，增强健康和体力。他们就是用这些和其他一些办法来和常常折磨人的羊痫病[61]进行斗争的。

管理员：这是特别有才能的人物容易得的疾病，例如，黑尔库力士、斯考特[62]、苏格拉底、卡利马赫[63]和穆罕默德就害过这种病。

航海家：他们同这种病症作斗争的办法是，向天祈祷，增强病人的脑力，服用酸性药剂，从事文雅的娱乐和吃掺有最好的小麦面粉的肥汤。他们的烹饪技术是很高明的：用肉桂、蜜糖、奶油和很多能大大增强体力的辛香作料调味；用味酸的作料来烹调油腻的东西，以免引起消化不良。他们不像中国人那样用雪来冷冻饮料，也不用人工来加热饮料；因为他们不需要用这些抗湿气的办法来加强人体固有的热能，但他们常常吃蒜泥、醋、兰芹、薄荷和罗勒，来加强这种热能；在夏天和在疲乏的时候，这些东西吃得特别多。他们每隔七年用一种绝不损害身体的、令人愉快的非常奇异的办法来更新生命，这个秘诀是他们大家都知道的。

管理员：直到现在，你还没有向我讲过太阳城的科学和政权。

关于负责人员的选择和执掌以及关于从属和定时的会议

航海家：不，我已经讲过了，不过你对于这两个问题既然这样感兴趣，我就再来补充一些。每月朔望举行过祈祷仪式以后，就召开“大会议”。二十岁以上的公民，全体出席；每个人都有权对共和国的缺点和对政府负责人员执行工作的好坏，提出自己的意见。同时，每八天举行一次全体负责人员的会议，出席的人是最高领导人“太阳”、“威力”、“智慧”和“爱”以及分属于这三个领导人的九个首长，共十三人。这三个领导人分别掌管三个部门：“威力”掌管军事，“智慧”掌管科学，“爱”掌管食品、衣着、生殖和教育。由妇女或男子组成的十人团、五十人团和百人团的各领导人，也举行会议来讨论国事和选出“大会”预先提名的负责人员。“太阳”和三个主要的领导人每天举行会议，来处理日常事务并批准有关选举的决议和检查执行决议的情况，同时也讨论其他的必要措施。除了完全不知道应该怎样解决的问题外，他们是不会用抽签的办法来解决问题的。负责人员的更换，要根据人民的愿望来决定。但四位最高领导人则例外，他们只有在经过协商认为可以把自己的职务移交给一位的确是最贤明、最有智慧和毫无缺点的人以后，才能离职。他们的确是明理的和正直的人，因为他们很乐意让位给最贤明的人并听从他的教导，但更换国家领导人的事是很少有的。

主管个别科学的人，除了归那位像建筑师一样主管各种科学

的“形而上学者”（他自己就是“太阳”）领导以外，也归统治者“智慧”领导，他们必须懂得凡人都懂得的一切，否则，人们就会看不起他们。因此，归“智慧”领导的有：语法学家、逻辑学家、物理学家、医生、政治家、伦理学家、经济学家、星相家、天文学家、宇宙学家、音乐家、几何学家、算术家、诗人、修辞学家、画家和雕刻家。归统治者“爱”领导的有：主管生殖的人员、教师、医生、主管衣着的人员、农学家、畜牧家、主管驯熟牲畜的人员、主管膳食的人员、肥育家畜的人员，等等。归三位统治者之一的“威力”领导的有：战略家、个对个决战者的首长、锻造专家、兵工厂长、金库主任、造币厂长、工程师、侦察长、骑兵首长、步兵首长、主管马厩的人员、斗士领导者、炮兵首长、投石兵首长和总裁判[64]的领导者。在这些人员的下面还有很多专家。

管理员：关于他们的法官的情况又怎样呢？

关于诉讼程序和法官

航海家：我正要讲到这个问题。在司法方面，每个公民都直接受他工作岗位上的领导人的管辖。因此，领导人就是法官，他可以对下属作出以下的判决：流放、鞭打、训诫、禁止在公共食堂进餐、开除教籍、禁止与妇女会合。对于暴徒，如果是故意犯罪或预谋犯罪，那就可以处以死刑，或者给予同样的报复，即以眼还眼[65]，以牙还牙，以鼻还鼻，等等。如果犯罪完全不是出于预谋或在争执中偶然犯了罪，则可以从轻判处，但这种判处不归法官，而归还可以向“太阳”申诉的三位领导人来决定，但这并不是要求他进行审判，而是请求他赦宥，因为只有“太阳”才有赦宥权。太阳城没有监狱，只有一座囚禁进行叛乱的敌人等等的塔楼。他们不采用书面的诉讼程序（即一般所称的那种程序），但原告可以向“威力”和法官申诉,由证人提出证词,被告可以为自己辩护,法官就当场判决有罪或无罪;如果法官还要代其再向三位领导人申诉,则于第二天重新宣判。最后在第三天由“太阳”对被告宣布赦免或依法执行判决,而且被告被判决后要和自己的原告以及证人言归于好,就像自己的病被治好以后对医生那样,互相拥抱和接吻,等等。

死刑只是用人民的手去执行,他们把犯人打死,或者用石头砸死,由证人或原告首先打第一下。太阳城没有刽子手和护从[66],为的是不致亵渎自己的国家。另一种办法是授权犯人自杀:让他自己把一些装有火药的小袋子挂在身上,自己点燃火药,爆炸而死;而且在场的人都鼓励犯人应当去死。同时,全体公民都为他死而痛哭,都去祈求上帝息怒,并为国家不得不消灭一个败类而哀痛。如果犯人不同意或不愿意接受某种死刑的判决,那就要去说服和劝导他,否则,是不能处决的。但是,如果所犯的罪行是反对国家的自由、反对上帝、反对最高领导人的,那就会得不到任何人的怜悯而立即宣判。这样的犯人就得判处死刑。犯死罪的人可以在人民面前凭良心陈述自己的意见,说明自己不应该受死刑的理由,检举其他应受死刑的罪犯,也可以检举行政人员的罪行,并提出这些人应受更严重惩处的证明。如果他的理由是有根据的,就可以减轻处分改为流放,同时,太阳城的人民就为他向上帝做祈祷和忏悔。但是,那些被犯人检举的人并不会受残酷的折磨,多半只是受到申斥。如果他们所犯的罪行是由于软弱或无知,那只是对犯罪的人加以申斥,强迫他接受经验教训,或学习他由于不懂而犯罪的那些科学和技艺。

从他们的相互关系来说,他们就像人体的各部分一样,是紧密相连的。

这里，请你要注意的是，如果某个公民犯了错误而能在惩罚之前自动地向领导人坦白认错，并表示悔罪的话，就可以对他应有的罪行不进行惩罚或改为其他的处分。他们决不会使任何人诽谤别人，因为对于诽谤者是要依法惩处的。由于他们总是集体地进行工作，所以要揭发某个人有罪，必须有五个证人；否则，就要罪犯自己发誓并给予警告后才能了事。如果他再度受到控告，那么，这一次只需有两个或三个证人的证词就够了，而且还要加倍处分。

他们只有很少的几条法律，然而是简单而明确的。条文刻在铜板上，悬于神殿的大门口，也就是神殿的柱子上；在个别的柱子上可以看到用形而上学的观点对某些事物所下的定义（用非常扼要的文体），例如，什么是上帝，什么是天使、宇宙、星辰、人、命运、英勇精神，等等。这一切定义，下得都很精细。那里也指出各种道德的定义；在每根书写着相应的定义的柱子旁边，设有受审席位和代表各种道德的法官的法庭。进行审判时，法官坐在那里对被告说："我的孩子，你犯了违反这些神圣定义（违反了善行、慷慨等等）的罪，你念念这些定义吧！"在研究了案情以后，法官就根据被告所犯的罪行（因粗暴、胆怯、骄傲、疏忽等所犯的罪行）作出惩罚的判决。认为有罪的判决是一些保证能治好疾病的药方，因此，被告都能很愉快地接受判决，而不看作是惩罚。

管理员：现在你应该向我讲一讲他们的司祭、祭祀、宗教和信仰。

417

CIVITAS SOLIS

vel

DE REIPVBLICÆ IDEA

Dialogus Poeticus.

INTERLOCVTORES,

Hospitalarius Magnus & Nautarum Gubernator Genuensis Hospes.

HOSP.

EIA quæso, memora tandem quæcunque tibi hac in Nauigatione contigerunt. GEN. Narraui iam quo pacto totius orbis Terrarum peragrauerim gyrum: ac demum in Taprobanam peruenerim: coactusque fuerim in Terram descendere, vbi incolarum metu syluam adierim, ex qua tandem egressus in planitiem magnam prorsus sub æquatore constiterim. HOSP. Hic quid tibi accidit? GEN. Extemplo in agmen frequens virorum, ac mulierum armatarũ incidi: quorum multi nostrum callebant idioma: simulatque in Solis ciuitatem me conduxerunt. HOSP. Dic qua ratione isthæc ciuitas fabrefacta est, quaque gubernetur? GEN. Attollitur ex amplissima planitie collis ingens super quo maior pars ciuitatis fundata est: At multiplices illius Ambitus exponuntur ad multum spatium extra montis radices. qui ea constat magnitudine, qua ciuitatis diameter duo, & plus milliaria continet, vt circuitus sit septem. At ex gibbositate plura capit quam si in planitie foret. Distincta est ciuitas in septem gyros Ambitusve ingentes à septem planetis nominatos, & ab altero in alterum per quatuor strata viarum intratur, perque portas quatuor ad mundi angulos quatuor spectantes, & profecto sic

Figura & constructio ciuitatis

Ggg ædificata

《太阳城》第一版第一页

航海家:大司祭就是“太阳”本人,在负责人员中,只有司祭是最高的负责人了;他们的任务是使一切公民的良心都能纯洁化;他们的司祭也和我们的司祭一样,接受每个公民的秘密忏悔,纯洁他们的灵魂,同时也能了解在全国最容易犯的是哪些罪过。其次是

关于司祭、宗教、祭祀和祈祷

司祭长也要向三个最高领导者忏悔自己和别人的罪过；然后把这些罪过加以综合，但不指明是谁所犯的罪过，主要的只是指出最严重地危害国家的罪过。最后，三位领导人也要向“太阳”做同样的忏悔，从而使“太阳”能了解哪些罪过是在全国最容易犯的，并注意到用适当的办法来消弭它们。当人民在神殿聚会的时候，大司祭就向神坛献祭和祈祷，首先是为全体人民向上帝悔罪，当时这样做是为了纯洁他们的灵魂所必须的，但不指出任何犯罪者的姓名。这样，他就可以为人民消罪，同时也勉励人民，以后不要再犯同样的罪过，然后，由全体人民来做自己的忏悔[67]；最后再由他向上帝献祭，祈求上帝对全国人民恕罪并为他们消罪，指点全国人民并保佑他们。

被征服的每个城市的最高领导人，每年也都要代表他的人民来向“太阳”忏悔一次，以便“太阳”了解各属地的缺陷，也由他采用各种世俗的与宗教的办法等等来加以克服。

祭祀仪式是这样举行的：由“太阳”问人民，谁愿意为自己的同胞奉献自己以祭祀上帝；这时就有比较虔诚的人愿意自动献身。于是大家经过规定的各种仪式和祈祷之后，就把他放在一张四方桌上，桌子的四角系着四根粗绳，绳子连到四个固定的滑轮上，悬在神殿的穹窿之下；然后他们祈求上帝大发慈悲，慨然接受这个自愿的人祭，而不是像异教徒那样强迫牲畜作牺牲的。接着，“太阳”下令拉起绳子，把这个人祭上升到小穹隆的中心，并由他在那里做虔诚的祈祷。居住在这个穹窿四周小房子里的司祭，就从窗口投给他食物，但是数量非常少，直投到全国的罪过被认为已经完全赎尽为止。他背诵着祈祷文，祈求上帝接受他完全自愿的牺牲。经过二十天或三十天的祈祷，在上帝息怒之后，他就可以成为司祭，或者是穿过司祭的小房子重新下来(但这种情形是很少有的)。这样英勇的人,后来是会因他甘愿为祖国牺牲而受到人们极大的尊敬的。而且上帝也不愿意他死去。

此外,神殿的上面住着二十四个司祭,他们每天在早晨、正午、傍晚和子夜的时分向上帝咏唱赞美诗四次。他们还有观察星象的任务,用星盘[68]来观测星辰的运动并研究它们对人间所发生的力量和影响。这样,他们就能知道地球的什么地方,什么时间会发生什么变化;同时,还派人检查这些观察是否正确,从而根据所得的材料就可以很精确地预测自然界发生的现象。关于授胎、播种、收获,采葡萄的时期也由司祭来规定,他们好像是神与人之间的传话者和联系人。"太阳"多半就是由这些人产生的。他们把一些重要的事件记录下来并从事各种科学调查。他们只是吃早饭和午饭的时候才从上面下来,因为他们也同样具有想吃食物的本性。除了健康的迫切需要而外,他们是不与妇女性交的。"太阳"每天都上去找他们,和他们谈论有关他们在为太阳城和世界各国谋福利方面所想到的某些新办法。

神殿的祭坛前面经常有一个人在轮流祈祷;这个人每小时轮换一次,和我们在做庄严的祷告时每四十小时轮换一次是一样的。这种祈祷的习惯,他们称为"经常的致祭"。每次用膳以后,他们就唱一支颂扬上帝的歌,然后,歌唱基督教徒、犹太人、多神教徒和其他各民族所建立的英勇功勋,他们很欣赏这些功勋,因为他们是不会嫉妒任何人的。他们也在自己的"王"的指挥下歌唱赞美爱情、智慧和各种各样的美德的歌曲。最后,每个男子,就选择一位他很喜欢的女伴,在圆柱下跳起严肃而非常好看的舞。

妇女留长发,把头发编成一根辫子,然后在后脑壳上结成一个髻子。男人只留一绺鬈发,其余的都剪去,头上扎着一块头巾,上面再戴一顶比头部稍宽的圆帽。行军时他们戴带缘的帽子,在家时则戴红色、白色或其他各种颜色的圆形软帽,帽子的颜色根据他们的职业和职务来决定;负责人员的帽子比较大些和美观些。

关于节日

关于诗人

他们每年都要在太阳进入世界的四个转变点[69]的时候,也就是太阳进入巨蟹宫、天秤宫、摩羯宫和白羊宫的时候,来四次庆祝盛大的节日,并上演经过周密考虑的、很好的类似喜剧的戏剧。每当每月朔望之日、建国的日子以及作战胜利的日子等等,都定为纪念日。在这样的节日里,妇女们举行大合唱,号鼓震天,礼炮齐鸣。诗人则颂扬光荣的统帅和他们的胜利。但如果某个诗人的颂扬缺乏真实性,甚至捏造某个英雄的事迹,他就会受到惩罚;凡是造谣的人就不配称为诗人;他们认为造谣是一种危害整个人类的行为,因为造谣可以夺去有德之人应得的赞扬,而且往往由于恐惧、阿谀、奉承或贪欲而把这些赞扬加给不道德的人。

他们只是在某人死后才建立纪念他的纪念碑。然而对于发明某种有益的东西的人以及在平时或战时对国家有重大贡献的人,则在他们活着的时候把他们的事迹记录到英雄列传里。他们由于避免瘟疫流行,所以不把死者埋葬而把他火葬,因为他们认为火具有一种稀有的和使人复生的力量,这种力量来自太阳,又回到太阳中去。这种风俗还可以避免产生偶像崇拜的可能性。但他们还保留着英雄人物的画像和雕像,这是为了使美丽的女子得以经常瞻仰这些形象,因为国家曾把生育子女的任务委托给她们。

关于祈祷仪式的完成

他们在祈祷时是连续朝着四个方向进行的：早晨起初朝东，然后朝西，朝南，朝北；晚上则相反：起初朝西，然后朝东，朝北，朝南。他们总是重复同样的一种祈祷，即祈求赐给他们和世界各民族健全的身体、健全的心灵和永远的幸福，祈祷末尾则是对于神明的至高无上的智慧表示衷心的感谢。但是，全民的祈祷的时间很长，是向天祈祷的。为此，他们设有一座圆形的祭坛，祭坛有四条形成直角的交叉通路，在四次的重复祈祷中每次进行完毕后，"太阳"都走过一条通路，并仰望着天祷告。他们认为这是一种伟大的圣礼。大司祭的法衣是华美的，它的每一部分都具有象征性，就像亚伦的法衣那样[70]。

他们计算时间是按照回归年，而不是按照恒星年进行的[71]，但他们每年还是根据第一种计算方法推算出第二种计算方法的时间。他们认为，太阳不断地往下降，因此，它的晕圈也越来越低，它在头一年就到达回归线和二分点，但我们的肉眼不能看出它在交角上[72]越来越低，所以，应该说，它早就到达并朝向回归线和二分点了。他们根据月亮的运行来计算月份，根据太阳的运行来计算年份；由于二者要在十九年，即当天龙座的头部[73]走满一圈后才交会一次，所以他们创造了新的天文学。

关于神奇的和民间计算的天文学

他们颂扬托勒玫[74]，景仰哥白尼，虽然亚里斯达克和斐洛莱[75]先于哥白尼，但他们说，虽然有的人能计算小石头的运动，有的又能计算豆粒的运动，但这些人却不能计算现代的金钱是怎样运动的；他们虽然能用各种计算的符号来估计世界的将来，但不能用纯粹的金钱来估计世界的将来。所以他们很仔细地考察这个问题，因为这对于了解世界的形成和结构是必要的；他们认为世界总有一天会毁灭。但他们又坚信耶稣·基督关于太阳、月亮和星辰的征兆的预言[76]是对的，而不承认我们当中的许多疯子所说的世界会像黑夜里遇见强盗那样突然遭到毁灭。因此，他们希望着也许总有一天世界会得到革新。他们也承认，人们理解世界的起源是很困难的：它是不是从虚无中创造的，从别的世界划分出来的，抑或是从混沌中产生的？但相反地，他们却坚信世界是被创造的，而不是向来就存在的。因此，在这里，正像在其他许多地方一样[77]，他们痛恨亚里士多德[78]，只承认他是一个逻辑学家，而不是一个哲学家，并且根据一些反常的现象[79]提出了许多证据来反对世界永恒存在的说法。他们像尊敬人类、神像、神殿和天坛那样尊敬太阳和星辰，但不崇拜它们。虽然太阳是他们最尊敬的对象，但他们除了崇信唯一的上帝而外，绝不崇拜任何创造物；因为他们害怕若是把某种创造物当作神来崇拜，神就会惩罚他们，使他们受暴政的压迫或遭受灾祸。他们只是进行消极的观察而认为神就在太阳中，太阳就是神的形象、面容和生动的雕像，太阳给了他们光、热、生命、活力和一切财富。因此，他们的神坛建立得像太阳一样；他们的神职人员把太阳和星辰当作神来崇拜，他们以太阳和星辰为上帝的祭坛，以苍天为上帝的殿堂。他们也敬奉善良的天使，认为这些天使居住在星辰里面，是人世的庇护者，因为据他们说，神在天上显示了他那伟大的无限的光芒，在太阳中显示了他的胜利的标志和他的形象。

他们不接受托勒玫和哥白尼的偏心轮和本轮[80]的理论，并肯定了只有一个天存在，当行星接近太阳并和它处在合的位置时，行星就自己在运动着和上升着；因此，它们沿着大圈向共同移动的方向慢慢地向前移动，而当它们接近太阳的时候，就稍稍偏倾，以便从太阳那里获得光并开始沿着最短的道路移动；因为它们处在离地球较近的地方，所以运动得比较快。当它们用恒星那样的速度运行的时候，就叫做立星；运行得比较快的时候，叫做倒退的行星，就像一般的天文学家所说的一样；当它们运行得比较慢的时候，叫做直接向日光运行的行星，这时，它们接受着日光并向日光上升着；因为从方照到冲的位置[81]它们要往下降，以便不致远离太阳。月亮也在冲和合的位置上上升着，因为它处在太阳下面。可见，整个天体虽然是从东向西运动，但看起来好像是向相反的方向运行的，因为布满星球的整个的天在二十四小时内很快地就运转一次，而星球运行得并不这样快，而且有时还会在轨道上停留；由于整个的天走在前面，所以看起来它们是向相反的方向运行的。离我们比较近的月亮，无论是在冲的位置上或合的位置上都不会看成是向相反的方向运行的，它只是从上面或下面完全被照耀时，才慢慢地向前运行，因为第一个天[82]拥有比月亮大的速度。月亮的运行不能超过十二度，如果达到十二度，它就会离开第一个天。因此，它不是向相反的方向运行的，而只是缓慢地和迅速地向前和向后运行。根据这一点，显然就不必用偏心轮和本轮的理论来解释它的上升、下降以及容易懂得的缓慢的运动。的确，他们也证明了：处在宇宙某些部分的漫游的星球[83]是和神的显示联系着的，因此，它们长久地停留在那里；所以他们说，这些漫游的星球在拱点[84]上上升着。其次，他们对于太阳在北方比在南方停留得长久[85]的这一现象作了物理学上的说明，即当太阳和宇宙一起出现在平午的时候，太阳是上升着的，为的是使地球上那些应该产生巨大力量的地方发出热力。因此，他们也像迦勒底人[86]和古代犹太人一样武断说（但不是稍后的那种说法）：世界是在我们的秋天和

南半球的春天产生的。可见，太阳上升是为了补偿它的损失，所以它在北方停留的日子要比在南方停留的多；看起来是按着本轮上升的。但同时，他们也怀疑太阳是不是下宇宙的中心[87]，某些卫星是不是围绕着其他的行星旋转，就像月亮围绕我们的地球旋转一样；他们也不相信其他行星的轨道中心是静止的或根本没有的；但他们正在这些问题上探求着真理。

关于物理学

他们认为地球上的东西有两种物理的元素：一种是太阳，一种是大地，太阳好像是父亲，大地是母亲。他们认为空气是天的不纯部分，一切火的来源是太阳。海是地的汗水，或者是地下所包含的物质因燃烧和蒸发而产生的液体，是空气和大地之间的联结的环节，就像生物的肉体和精神之间的联结的环节一样。世界是一个庞大的有生命的存在物；我们生存在它的腹内，就像蛔虫生存在我们的腹内一样。所以我们的命运并不决定于星辰、太阳和地球，而只是决定于上帝，因为星辰、太阳和地球，除了自己的扩大外，是没有其他意向的，所以从我们对它们的关系来说，我们的出生和生命只是偶然的；它们只是上帝的工具，从我们对上帝的关系来说，我们是上帝根据他的预见和安排创造的，他创造我们是符合他的伟大目的的。因此，我们只应当永远不忘记上帝，就像儿子永远不忘记父亲一样。

他们坚信灵魂不灭，认为人们死了之后，就根据他们在尘世的行为而分别加入善天使或恶天使之群，因为人们在尘世的行为都是集中在善与恶这两个方面的。

他们对于在将来的生活中进行赏罚的地点问题，和我们的见解几乎完全相同。他们怀疑在我们的世界之外，是否还存在着其他世界；但他们认为，硬说别的世界并不存在，则是愚蠢的想法。因为，据他们说，无论是在这个世界以内或在世界以外，都有存在着的东西；上帝是永远存在着的存在物；任何的不存在都是不能并存的[88]。

关于形而上学

他们认为形而上学有两个因素：存在（即最高的上帝）和缺乏存在性和任何物理形成的必要条件[89]的不存在，因为一切已经存在的东西，都不能有开始；因而一切开始产生的东西，是从前所没有的[90]。可见，产生罪恶的实际原因不是别的，而是有了缺点。但他们所谓的缺点，是指缺乏力量、智慧或意志而言。他们认为罪恶正是由此产生的，懂得行善和能够行善的人，应当有行善的意志，因为意志是由力量和智慧产生的，而不是意志产生力量和智慧。

令人惊异的是：他们也崇拜三位一体的上帝；据他们说，上帝是最高的威力，这种威力产生了最高的智慧，这种智慧就是上帝；人们从上帝那里获得了爱，而爱也就是威力和智慧；因为产生某种东西的东西，一定要有产生某种东西的本性[91]。然而和我们的基督教的教义不同，他们不承认上帝有三种不同的人格，因而没有神的启示；但他们知道上帝有过肉体降世，并且从他自己又复归于自己。

可见，既然一切生物有由于无力、无知和仇恨而产生的客观现实，既然与不存在有关系，所以，形而上学上的一切生物都是从威力、智慧和爱组成的；有的人由威力、智慧和爱建立了功勋，有的人又由于无力、无知和仇恨犯了罪：有的是由于天赋的原因，即由于无力或无知犯了罪，有的是由于不知检点犯了罪，有的是故意犯罪，有的是由于三种原因而犯罪，即由于无力、无知和仇恨，有的只是由于仇恨。有的人由于表现了自己的一部分本性，即因无力或无知而犯罪，并成了凶残的人。但是，所有这一切都是与不存在毫无关系的上帝预先安排的，因为上帝是全能的、主宰一切的和无所不爱的存在物。所以，任何一个生物都不会为上帝而犯罪，而是为上帝以外的人犯罪。但是除了上帝外，我们之所以能存在只是为了自己和对我们人类而言，而不是为了上帝和对上帝而言；因为我们有缺点，而上帝有实际的力量。既然上帝拥有实际力量并主宰着犯罪的重要根源，同时，他又主宰着不大重要的犯罪根源，也主宰着作为人们犯罪本性的缺点，所以说犯罪是上帝在起作用。上帝在我们当中，有时也会离开我们，因为如果我们不善于安排自己的生活，就会倾向于不存在。

管理员：上帝，多么奥妙！

航海家：请你相信：如果我还完全记得清楚，如果我能推迟我的行期，我就可以向你再讲一些令人惊奇的事，但我要开船了，不然，就会耽误航行期。

管理员：请等一等，不要走，我只向你再提一个问题：他们对亚当陷于罪恶是怎样谈的？

关于世界产生灾难的原因

航海家：他们清楚地认识到：极端的腐败现象笼罩着全世界；人们并没有根据真正的最高的目的来行动；应受尊敬的人受着痛苦，得不到人们的重视，而且受恶人的统治；虽然人们认为这些恶人所过的平安生活并不是幸福的；因为这是一种毫无意义的、装门面的生活，因为实际上本来既不存在国王、贤者，也不存在苦行者和圣者，既然他们真是这样的人，就不应该过这样的生活。由此他们得出结论说，由于某种未知的原因，人类已产生极端的混乱。起初，他们好像倾向于和柏拉图一样[92]的想法，认为天体的运行从前是从现在的西方（我们现在认为我们处在东方的地方）运转的，而后来才向相反的方向运转。他们也曾认为，从前可能第一位神派遣一个低级的神来治理下界的一切事务，但后来他们觉得这种想法是错误的。而且他们还荒谬地认为：起初，萨图恩曾很好地治理过世界，但丘比特就治理得不好，后来其他的行星治理世界就更加不好，虽然他们也承认世界的时代是根据行星划分的。他们也相信，由于每一千年或一千六百年拱点的移动[93]，就会使宇宙发生显著的变化。

我们的时代，显然应该认为是水星的时代，尽管水星将会因碰上大合[94]而粉碎，会因出现反常的情况而使它受到灾难。最后，他们还是认为基督教徒是幸福的，因为基督教徒能相信这么严重的混乱是由于亚当的罪恶造成的。他们也认为儿子不应承担父亲的过失以及因这种过失而得的惩罚。

而且，相反地，儿子的过失应该由他们的父亲承担，因为人们忽略了生育子女的规定，没有按规定的时间和规定的星宿位置进行生殖，也忽略了对双亲的选择和培养，以及不善于教养孩子。因此，在太阳城，对于生育和教养子女是密切注意的，因为据他们说，无论对儿子或双亲进行的惩罚和他们所犯的过失，都会使国家灭亡的。所以，现代世界各国都陷于灾难中；而且更糟糕的是：现在，由于不懂得真正的幸福，由于把和平理解为好像是一种可以控制的事件，反而把这些灾难本身称为和平和幸福。而实际上，凡是观察过宇宙的全部结构和研究过动物植物解剖学和人类解剖学、并往往用被处决的犯人来解剖的人，当他应用到它们的某些部分和某些细小部分时，都不能不大声地承认上帝的智慧和预见的能力。因而人类应该完全献身于宗教，并永远崇敬自己的上帝。但是，若要恰如其分和毫无困难地做到这一点，就必须研究和了解上帝的创造，遵守上帝的圣训，在自己的行动中正确地体会并牢牢地记住这样的训诫："己所不欲勿施于人[95]，己之所欲而人之所愿则施于人。"由此可以得出结论：如果我们要求我们的孩子和人们尊敬我们，并报答我们对他们所做的那点微乎其微的善行，那么上帝就会成全我们，赐给我们所享有的一切，使我们能够永存，我们对上帝更应该感恩图报。荣耀应该永远归于上帝。

管理员：真的，既然他们只懂得自然法，如此接近于基督教（基督教除了教徒们应该遵守的圣礼外，没有在自然法以外加上任何东西），所以他们给我提供了一个很有力的、有利于基督教的证明，证明基督教是一切要根除恶行的宗教中的真正的宗教，它将统治全世界，就像最光荣的神学家所教导和所期望的那样。这些神学家曾武断说，西班牙人之所以发现新大陆（虽然首先发现它的是我们最英勇的热那亚人哥伦布），其目的是要使一切民族都按统一的法律联合起来。所以，你所说的那些哲学家一定是由上帝选出来证明真理的了。我认为，由此得出的结论是：我们自己并不知道我们在做什么，但我们应该成为上帝的工具，因为人们去寻找新的国家，其目的是为了相互竞争去追求黄金和财富，而上帝追求的才是崇高的目的；太阳虽然照热了地球，但它根本不能创造植物，也不能创造人类等等，而上帝则能利用竞争者的斗争，使人类趋于繁荣。应该赞美上帝！荣誉属于上帝！

航海家：啊！如果你能知道太阳城的人根据星相术和我们的预

言家所说的关于未来的一切，又不知作何感想呢！他们说，在我们这个时代所作的重大事件要比全世界四千年所作的还多；这一百年来所出版的书籍，比五千年来所出版的还多[96]；他们也谈到惊人的发明，即印刷术，前膛火枪和磁石的运用，他们认为这是全世界居民将联合成统一的教徒群众的具有重大意义的征兆和手段。他们又说，这些伟大的发现是在巨蟹座的三角形中的大合[97]的时候，在水星通过天蝎座进入拱点时并在月亮和火星的影响下才完成的；这时月亮和火星能在这个三角形中促使我们发现新的航海术，建立新的王国和发明新的武器。而且，当土星通过摩羯座进入拱点，水星通过人马座进入拱点，火星通过室女座进入拱点时，并在最初的几次大合以后，在出现仙后座中的一颗新星[98]以后，就会产生新的君主国，就会使法律和科学得到革新，就会出现新的先知。他们还肯定地说，所有这一切都预示着基督教将获得伟大的胜利。那时，大家在获得解放并根除恶习以后，就进行创造和建设等等。请让我走了吧，因为我还有很多事要办呢！不过，我还应当告诉你：他们已经发明航空术（这好像是世界上不可缺少的、唯一的发明）；而且，在最近的将来，他们还希望能发明用来观察尚未发现的一些星球的望远镜，以及听取天空和声的助听器[99]。

管理员：啊！啊！这真是妙不可言！但巨蟹座是月亮和金星的阴性标志，既然它是水的标志，怎么又能在空气中起良好的作用呢[100]？

航海家：可是他们说，阴性的因素在天上起了很好的作用，所以一些不大坚定的人开始统治他们。从这里就容易明白，为什么在这个时代妇女们开始掌了权[101]。例如，在努比亚和蒙诺波塔巴之间出现了新的女骑士，欧洲人中做了女王的有：土耳其的俄罗斯女人，波兰的波娜，匈牙利的玛利亚，英国的伊丽莎白，法国的喀德林，托斯卡纳的比扬卡，比利时的马加丽特，苏格兰的玛利亚和在发现新大陆时代的西班牙的伊萨培拉。而且这个时代的诗人也开始提到女人："Le donne, i cavalier L'arme e gli amori[102]"。

由于火星的三角形和水星面临远地点并在金星和月亮的影响下，所以出现了一些凶险的诗人和邪教徒；这时他们总是说，尘世会出现淫荡和下流的行为；所有的男子，无论是在性别方面或表情方面都力图模仿女人，彼此称为"Vossignoria"[103]。

在巨蟹座和天蝎座主宰的非洲，除了费兹和摩洛哥的女骑士外，曾有过一些像女人的男人卖淫的妓馆和其他许多卑鄙龌龊的事情[104]。但这还不是说，巨蟹座的三角形（回归线的标志，木星的高贵地位[105]，太阳的极点，火星的三位一体），如果是借助于月亮、火星和金星形成的，就可以发现另一半地球和环绕全球的很方便的道路，就可以让妇女获得统治权；而在借助于水星和火星形成的情况下，就可以发明印刷术和枪炮[106]。如果巨蟹座不处在三角形的方位，就会成为法律发生巨大改变的原因。这种改变是：在新大陆，在非洲和亚洲沿岸，特别是在南部的沿岸地区，基督教在木星和太阳的影响下会得到广泛的传播；因为木星和太阳对于神的事情和任意做出的事情，能起促进和指点的作用，而对于人类和自然界的事情，甚至能成为决定性的原因[107]。在非洲，由于月亮和火星的影响，谢梯费教派得到了广泛的传播，在波斯，由于金星和木星的影响，索非伊所恢复的阿里派[108]得到了传播，同时，这些国家的政权也发生了变更。而在德国、法国、英国以及几乎整个北欧，由于火星、金星和月亮主宰着这些地方而产生了凶险的邪道、淫荡和粗野的女旅伴、剥夺人类自由意志的女人。在西班牙和意大利，由于在人马座和狮子座的标志[109]的主宰下，所以真正基督教律法的纯洁性才完全保存下来。如果风尚的纯洁性也保存下来，那多么好呵！

由于月亮和水星的影响并在太阳拱点的帮助下[110]，使太阳城的人民发明了新的技术，因为这些行星能帮助我们的一些空气多水分和空气混浊的国家发明航空术；而在赤道地带，由于它处在强烈阳光照射的天空下，所以在那里是容易飞行的。

他们也创立了新的天文学[111]，因而认为，在另一个半球上，在赤道以南的方向上，太阳室处在宝瓶座，月亮室处在白羊座[112]，等等。所以，他们把一切标志及其力量颠倒过来[113]。而根据自然规律，这是必要的。噢！可惜我没有从这些最聪明的人那里了解拱点、偏心距、黄道交角、二分点、二至点和天极的位移情况，以及天体的外形在无限长的期间内因天体结构的振动而发生改变的情况；没有从他们那里了解我们的世界和我们世界以外的物体之间的象征性的相互关系，也没有从他们那里了解在讨论白羊宫和天秤宫的二分点标志的伟大的宗教会议以后，在反常现象已经恢复的情况下，会发生些什么变化，以及在伟大的联合以后，在证实了循环运动一定会发生变化的情况下，会出现一些什么惊人的现象。

请你不要再留我了，我还有很多事要办呢！你要知道，我现在心中多么不安！下次再谈吧！不过我还要告诉你一点，请不要忘记，那就是：他们已经无可争辩地证明了一个人是可以自作主张的。因为据他们说：既然有一位他们很尊敬的哲学家[114]，尽管受敌人最残酷的刑讯达四十小时之久，但由于始终坚持沉默而没有说出敌人要他承认的半个字；所以，那些从远方缓慢地起作用的星辰，并不能迫使我们违反我们的决定[115]。但是，因为这些行星虽然是不显著地、缓慢地对我们的感觉起作用，但它们终究是对我们的感觉起作用的；所以，那些追求比神的理智更高的感觉的人，不过是使自己陷于迷惑而已。要知道，星辰这样的配置，会从异教徒的尸首中[116]发出恶臭的气味，同时，会从耶稣会、小兄弟会和卡普勤僧侣会[117]的创始人的身上发出道德的香气。在星辰的同样配置下，费尔南德·科尔迪茨在墨西哥传播了基督的神教[118]。

关于人类世界现在希望着将来能出现的其他许多事物，下次再和你谈吧！使徒保罗认为邪说是肉欲的事情；星辰根据凡人的爱好促使他们去创造各种邪说，但星辰也会促使有理智的人去服从那种根据上帝的原始智慧和他的诺言所创立的、真正合理的神圣律法。我们应该永远颂扬上帝！阿门（祈祷结尾语，表示心愿如此之意——译注）[119]。

管理员：请你再稍待一会儿。

航海家：不能再待了，不能再待了。

附　　录

附录(一)

Ⅰ. 论最好的国家[120]

以讨论国家问题的方式来补充和完成政治学说是否恰当和有益

第一篇

(反对意见)我们认为所发表的这些关于国家[121]的意见是不公正的,是不会带来好处的。

1. 第一个反对意见。从来没有过这样的国家,而且将来也不可能指望能有这样的国家,因为这是不可能的,是毫无根据的。这种没有坏处的公社生活方式是不可思议的:人们从来没有见过这种生活方式,而且也永远看不到它。因此,对我们来说,正如卢契亚奴斯[122]在反驳柏拉图时所证明的那样,研究这一问题是多余的。

2. 第二个反对意见。设想在赤道附近存在这样一个国家是不合理的。托勒玫、维琪尔、亚里士多德和古代的生理学家们[123]把那由于过冷和过热而没有人居住的土地放在热带和极地,是不无原因的。因此,如果那里有人的话,那么,正如生理学中所指出的那样,他们是一些黑皮肤的人,性格狡猾、不能吃苦、智慧不出众。由于这个原因,赤道附近从来没有一个民族兴盛过,统治过世界；而在热带和极地之间的温带土地上，则正如亚里士多德所认为的那样，共和国和君主国始终兴盛不衰。巴比伦人、波斯人、希腊人、罗马人、高卢人、西班牙人、土耳其人、鞑靼人等的王国，以及雅典人、迦太基人、拉栖第梦人[124]、罗马人、威尼斯人的共和国，就是在这些地区驰名的，而不是在赤道附近。由此可见，对于我们，这个国家的位置，我们所指出的是绝对不正确的。

3. 第三个反对意见。要使一个国家的地位提高，它必须位于沿海岸或沿河岸一带，以便获得必要的粮食供应，并靠许多外来者来增加国民的人数。另一方面，据亚里士多德说，按照柏拉图的学说，只有在山地上才能保存真正的自由，因此，海尔维第人、坎达布连人[125]及其他居住在山地的部族是不负担捐税的。而我们呢，却不按照这两位哲学家的意见行事，因此也就仿佛既放过了这位，也放过了那位所讲的好处。而且，还把住在山地的居民说成可能多于住在平原的居民。

4. 第四个反对意见。这个国家只能包括一个城市，而不能包括整个国家，因为不可能有彼此完全相似的各个地区。因此，这个国家一定要衰落，其原因或者是民族被人征服，或者是由于贸易，或者是为了反对如此异常的生活方式而发生暴动。

5. 第五个反对意见。这个国家是为了想使我们过最美好的日子并使这个国家永远保存下去而虚构出来的。然而它是不可能永远存在下去的，因为它总有一天要灭亡于鼠疫，其原因是大量房屋的聚集而不能通风；或者灭亡于战争、饥饿、猛兽，即使它一直能够避免出现虐政和暴动的话。最后，它将灭亡于数的各种有效属性，正如柏拉图关于自己的国家所断言的那样[126]。我们这个国家也不可能是最好的国家,因为犯罪是人的本性,正如使徒所说:“我们若说自己无罪,便是自欺。”[127]连亚里士多德在反驳柏拉图时也证明说,消费品公有和公妻的国家是不道德的[128]。据我们看来,凡是我们能避免一种恶习的地方,也立刻会产生其他许多恶习。

6. 第六个反对意见。各国人民所赞同和采用的那种生活方式,是最符合于自然的。而我们的生活方式却为大家所唾弃,因此,我们谈论它是徒劳无益的、错误的。

7. 第七个反对意见。谁也不乐意在领导人的监督之下过这种严格的生活,不犯任何罪孽。因此,这种国家会被本国的公民所推翻,正如许多宗教僧团被它们的过着共同生活的成员所推翻一样。

8. 第八个反对意见。研究神所创造的东西,漫游世界,到处获得知识,体验一切——这是人的特性。然而生活在这种国家里的人们却像死啃书本的僧侣一样,他们如果听到他们在这些书本中没有读到过的什么东西,就会陷于激动和慌乱状态。因此,他们直到现在也和从前一样,怀疑伽利略观察出来的东西,而且也怀疑哥伦布发现的新半球,因为圣奥古斯丁曾否定新半球的存在。

(回答)但是不久以前圣徒托马斯·莫尔的权威的意见却驳倒了(这些反对意见),他之所以描述一个臆造的乌托邦国家,目的是要我们按照它的方式建立自己的国家,或者至少建立这种国家的个别基础。柏拉图同样描述过这样一个国家的实质,这个国家虽然据现代的神学家断言是不可能被具有罪恶本性的人们接受的,但是它在纯洁状态[129]下是能够很好地存在的。而基督就使我们回到了纯洁状态。亚里士多德和其他许多哲学家也同样地安排了自己的国家。许多国王也完全是这样,他们之所以颁布他们认为最好的法律,并不是因为他们以为犯法者的存在是不可能的,而是因为他们想使守法者幸福。由于这一原因,圣托马斯[130]也教导说,修道士不去遵守教规中的一切指示,而只遵守其中一些主要的指示,这绝不是犯罪行为,不过他们如果遵守一切指示就会更加幸福;但是他们应当按照教规生活,也就是说应当按照他们能够适当地做到的程度在自己的生活中遵守教规。摩西从上帝那里取得了法律,于是建立了一个最公正的国家;当犹太人以它作榜样的时候,他们活着一天就繁荣一天,但是一旦他们不服从它的法律,他们就灭亡了。情况也常常是这样的。演说术教师虽然按照最好的教规拟定自己的演说,但是从来没有出现过一篇尽善尽美的演说。同样地,哲学家可能会在心里毫无错误地想象出几首长诗来,但是诗人后来是会把这类诗写得有错误的。同样地,神学家虽然写了圣徒们的传记,但是谁也没有完全仿效他们的行为。哪一个民族或哪一个人能够完全以基督的无罪的生活作为榜样呢?是不是应该由此得出结论说:《福音书》编述者[131]徒劳无益地描述了基督的生活呢?决不能这样说,因为《福音书》编述者之所以描述它,是为了要我们尽全力去接近这种生活。基督所教导的那种尽善尽美的无罪的生活方式,甚至连使徒们也难以奉行。在这以后很久,才在宗教界保持这种生活方式,嗣后,只是传教士才保持了他。他们直到我们的这个时代还在奉行这种生活方式;甚至在其他人们中间,除了传教士以外,正像你所看到的,这种生活的基础是很小很小的。我们描绘的我们的这个国家,不是上帝所提供的国家制度,而是通过哲学家的推理所发现的国家,而且我们是从人类可能具有的智慧出发,来证明《福音书》的真理是符合自然的。如果我们在某些方面的确越出,或者乍一看来似乎越出《福音书》的范围,那么,不应该把这说成是无神论,而应该把它归咎于人的弱点,人们由于没有得到神的启示,而把许多事物认为是公正的,后来根据神的启示才发现这些事物绝不是公正的,如像我们的公妻制度所指出的那样。由于这一原因,我们把我们的国家描述成一个多神教的国家,它希望能发现更美好的生活,而且也应该能过这种生活,因为这个国家的生活基础是受天赋理智支配的。因此,国家的公民仿佛像多神教徒一样,都受到基督教的教导。按照基利尔在他那部反对儒略的著作[132]中的说法,多神教徒是作为福音教派的宗教问答而获得哲学的。其次,我们也教导多神教徒,如果他们不愿意被上帝轻视的话,那就应该过公正的生活。我们要使基督教徒相信,我们国家里的生活如同基督的生活一样,是符合自然规律的。在这方面我们追随以下三人的步伐:引证了苏格拉底的国家的罗马主教圣克里门特,以及约翰·兹拉托乌斯特和圣阿姆弗罗西[133]。其次这种生活方式显然可以消除一切恶习,因为负责人员摆脱了虚荣心和其他一切不良的特性,正如我们在《箴言》[134]中所指出的,这些特性是由于职位的世袭、选举或抽签获得职位而产生的。于是我们就建立像圣阿姆弗罗西对仙鹤和蜜蜂所颂扬的那种国家。我们国家的生活方式也可以消除国民的叛乱,因为国民通常是由于负责人员的专横、任性,或由于贫困以及国民太受屈辱和轻视而激发叛乱的。

同时,由于两种对立的灾难(贫与富)而产生的一切恶习也将

消灭。按照柏拉图和所罗门[135]的看法，贫与富是国家制度的主要缺点。违反誓约、卑躬屈节、撒谎、偷窃、不整洁等都起源于贫穷；劫掠、傲慢、骄傲、吹牛、游手好闲等等恶习都起源于富贵。

一切因滥用爱情而产生的恶习，例如通奸、淫逸、鸡奸、打胎、吃醋、夫妻吵架等等，都同样会消灭。

一切因溺爱儿女和妻子、拥有财产（据圣奥古斯丁证明，财产会使人六亲不认）和自私自利（正如圣叶卡德琳娜[136]在《对话》中所说，自私自利是万恶之因）而产生的恶习也完全会消灭。属于这类恶习的有：吝啬、放高利贷、爱财如命、憎恨别人、羡慕富人和比自己更好的人。我们要用热爱公社来代替这些恶习，并要根除万恶之源的吝啬所产生的憎恨，要根除讼争、欺骗、伪造遗嘱等等。

一切因穷人过度劳动、富人游手好闲而产生的肉体和精神上的恶习也会同样地消灭，因为我们在一切人之间平均地分配劳动。

我们也要消灭那些因妇女无所事事，把她们的能力、把身心的健康消耗在生儿育女上的恶习，其方法是给她们以适当的锻炼和工作。

作为愚蠢无知的后果的恶习也同样会消灭，这从我们国家的一切科学都如此繁荣的这一事实就可以看出。的确，这个城市的制度本身和墙壁上的图画就用直观的方法向聚精会神地观看壁画的人们灌输一切科学。

我们也以令人惊奇的方式采取防止破坏法律的一些措施。

最后，由于我们一贯地避免走极端，因而我们能使一切都有节制。而美德也就是有节制的一种表现。因此，你就不能想象出一个更幸福的和对人民更宽大的国家。此外，在密诺斯、李库尔赫、梭伦、哈伦达、罗慕路[137]、柏拉图、亚里士多德及其他国家创立者的国家里所提到的一切恶习，在我们的太阳城里都已消灭，每个人只要好好地研究这个城市，就会了解这一点，因为，既然这个城市是建立在形而上学的存在基原[138](其中什么也没有忘掉和遗漏)这一学说的基础上的，所以它的一切都规定得非常好。

1. 对第一个反对意见(关于太阳城存在的可能性)应该回答如下：即使我们不能完全实现建立这种国家的思想，我们所写的一切也决不会是多余的，因为我们提出了一个力所能及的可以仿效的榜样。至于这种生活，那是可能的，关于这一点，根据路加和圣克里门特所证明的，在使徒们活着时存在的最初的基督教徒公社，和根据斐洛和圣耶朗尼姆所证明的，圣马可在亚历山大看到的基督教徒的生活方式就可以证明。僧侣的生活一直到教皇乌尔班一世，甚至在圣奥古斯丁时就是如此，并且在我们的时代，僧侣的生活[139]也是如此，圣兹拉托乌斯曾认为有可能把这种生活推广到整个国家。我希望，就像先知们所指出的那样，将来在基督之敌[140]死亡后，这种生活方式会占上风。那些信奉亚里士多德的人也否认这一点，据说这种生活方式只有人类处在纯洁状态下的时候才能实现，而不是现在就能实现。然而教会之父们却认为甚至目前它也可能实现，因为基督使人们回到了纯洁状态。尽管多神教徒和无神论者卢契亚奴斯讥笑柏拉图，说后者所创造的国家是不可能存在的，但是圣克里门特、兹拉托乌斯特和阿姆弗罗西却颂扬柏拉图的这种国家。即使卢契亚奴斯不是一位无神论者，这三人的学说和圣洁程度也胜过一千个卢契亚奴斯。

2. 对第二个反对意见的答复。我确信上述哲学家们的看法

是错误的，因为赤道附近可以看到经常的均匀性，夜间永远和白天相等；凡是在大地的构造、山脉和河谷不破坏这种适中性的地方，人们都是有美德的。普里尼也说过，塔普罗班纳岛上的人们好极了，他们过着与其说是公民的生活，不如说是自然的生活[141]。根据上述的原因，阿维森纳和阿耳贝尔特[142]也持有同样的见解，尽管圣托马斯认为这些地区是没有人居住的，而且在这方面他所遵循的是亚里士多德的看法，而不是阿耳贝尔特所依据的理智和经验。诚然，由于太阳的运动和日子的过程永远不变，由于地平线的特殊位置，所以，热带的一切都是干枯的，大地苦于缺水，人的身体呈现黑色。但是，正如特列佐[143]所说的那样，经常存在着二分点的地区是宜于植物繁殖的，居住在那里的人丝毫不亚于人种最好的人。杜兰德·威廉[144]和许多神学家之所以把人间天堂安排在那里，是由于热带具有适中性的特点。虽然热带国家的人口不会很多，但我们所描述和竭力追求的不是国家的大小（因为国家的幅员多半是由于虚荣心和贪婪而扩大的），而是太阳城所依据的道德。我们国家的气候，由于它的适中性和由此而产生的一切后果除赤道国家外，比其他一切国家都好。我承认部分地位于赤道附近的阿巴西亚[145]和秘鲁的居民是阴险的，但这可以用这个土地的构造和混杂的热带居民来加以解释，而我们在我们的国家中却避免了这种情况。

3. 对第三种反对意见的答复。我们不是用国家的位置，而是用美德来保证国家的幸福生活和扩大，我们让国家远离海洋就可以避免使本地的风俗同外国人的风俗混合起来，而岛上居民却往往由于这种混合而腐化，沾染上来自各处的恶习。但是我们开辟通向海洋的道路,以便为必需品的运输提供方便条件;我们也需要大河。但我们不需要极险峻的高山,因为它对于社会生活的用处最少;我们选择丘陵地带,是为了巩固国家的力量。但是我们更需要把国家的安全建立在它的建筑术和公民的高尚性格上,把他们培养成为贤明和英勇的人。此外,我们选择丘陵地带是为了空气能流通和丘陵的容量大。平原的容量比丘陵小,正如弦毫无疑义地要比弧线小一样;这特别是指物体的表面而言,因为具有圆锥形的物体的面积,要小于不具有圆锥形的物体的面积。我们把国家的扩大,建立在生育最优秀子女的这一基础之上,而自由是我们从国家的位置和公民的高尚性格中培养出来的。由此可见,我们所规避的是恶习,而不是柏拉图和亚里士多德指出的优点。

4. 对第四个反对意见的答复。因此,我们给这座主要城市的居民规定了这样的生活方式;小城市可以局部地或者(如果许多城市合并成为一省的话)全部地仿效它。合适的地形是容易找到的,而在没有这种地形的地方我们就改变地表的形状,以便使城市的主要部分坐落在最高的山上,而毗连的部分则由许多形成半圆形的住宅所组成。如果城市建立在平原,那么在任何情况下我们的范例对它都是合用的,假使污秽对此不妨碍的话,而污秽我们是会避免的,因为可以用石头铺路和挖掘排泄污水的沟渠。为了使贸易不致腐蚀这个国家,正如你在原文中所看到的,我们为此曾规定要委派一批专门负责的人员。为了使这座城市不因邻国人民的叛乱而受破坏,对于首都的居民和经常出击和保卫城市的战士来说,筑有工事的城垣[146]和这座占优势城市的高尚的道德品格是他们的保卫者;为这座城市服务是一种幸福,正如对于无知识的人来说，为贤明和正直的人服务是一种福利一样。罗马之所以扩大了帝国，与其说是由于力量，不如说是由于它以自己的德行而驰名；而且，由于罗马皇帝的高尚性格，因而庞皮里时代的敌人认为同罗马作战是渎神的行为。

5. 对第五个反对意见的答复。我确信这个国家会一直存在到发生一个伟大的世界变革的时候，而这个变革将产生一个新世纪。因为我们预先用最好的办法（或至少比以前在别的地方所规定的要好得多的办法）并结合着提倡美德的办法，来注意如何避免鼠疫、战争、饥饿和猛兽的袭击。在四条主要街道上吹的风使城市的空气清新；在住宅挡风的地方，就多安装一些窗户，尽量使它透风，这样一来，关闭时可以避免有害的风，开启时可以有利于人的健康。至于数字的有效属性，那么请参阅《形而上学》[147]。我坚决认为，这是最好的生活，对于这种生活应该比对于它能存在多久的问题更关心一些。罪恶也将存在，但不会像其他国家存在的罪恶那样严重，无论如何不会是使我们的国家遭到毁灭的罪恶，这从规定的制度中就可以看出。关于亚里士多德反对这种国家的意见，将在以下几篇中予以驳斥。

6. 对第六个反对意见的答复。我深信，大家都热烈地希望有这样的国家，把它看作黄金时代的来临，大家也会祈求上帝：使地球上也像天堂上一样地实现了他的意志。然而由于国王包藏祸心，把国家置于自己的权力之下，而不是置于最高理智之下，因而不能建立这样的国家。如上所述，现实和经验已经证明，这样的国家是可能存在的，因为，据圣兹拉托乌斯特所提出的证明，更符合于自然的是遵循理智而生活，而不是遵循强烈的情感而生活，是合乎道德地生活,而不是不道德地生活。同时,从前的僧侣和现在过着公社生活的再浸礼派教徒[148]也证明了这一点;假使他们拥有真正的信仰教条,他们在这方面就会有更大的成就。啊,假使他们不是异教徒而作出公正裁判,我们就会向他们传教,因而他们也会成为这一真理的榜样!但是我不明白,他们为什么要轻率地否定最好的事物。

7. 对第七个反对意见的答复。相反地,正如兹拉托乌斯特所断言的那样,过合乎道德的生活是最大的幸福,每当你误入歧途的时候,立刻改正错误要比毁灭于自己误入歧途的后果好些。放荡不羁是作恶的原因,强制为善的必要性是能使人得到幸福的。但是对于不大习惯于过这种生活的我们来说,是会感到很不愉快的,正如玩骨牌的赌徒和纵酒作乐的人觉得正直人士的生活并不愉快,而正直人士又觉得僧侣的生活并不愉快一样。请试一试看吧,你们就会明白!会使僧侣腐化的绝不是纪律的严厉性,而是俗人的贸易,贪求荣华富贵和滥用爱情的淫欲。然而在我们国家里,这些都是有明文规定而加以禁止的。因此,这些恶习的例子是绝不会有的。

8. 对第八个反对意见的答复。相反地,我们在全世界收集各种观察到的资料,也收集各种经验和知识,并为此目的派人到各地旅行,建立贸易关系和设立大使馆。僧侣并没有丧失这些优先权,因为他们可以常常到各个城市和省份去。对调查研究采取轻视态度的只是一些无知识的僧侣,而不是优秀的僧侣。然而无知识的僧侣的怨言也能带来好处,因为它可以使一切问题得到更好的讨论和阐明,最后可以使一切有美德的人达到意见一致。你在任何地方也找不到比在天主教僧团和赤贫僧团中学习得更多和对知识关心得更多的人。在凶恶的总主教费奥费尔率领下起来反对奥里根[149]的僧侣——神人同形论者，在仔细地研究了他的学说之后毫无所得。显而易见，这种起义在太阳城中是不可能的。过僧侣生活是为了加强圣洁性和智慧，而不是像伪善者企图主张的那样，是为了加强对别人的管辖。

什么更符合于自然并给国家和私人的保存和富裕带来好处：是像苏格拉底和柏拉图所主张的物质财富的公有制呢，还是像亚里士多德所认为的物质财富的分有制？

第二篇

（反对意见）1. 第一个反对意见。亚里士多德在《政治学》第二册里谴责了财产公有制[150]。他说：在这个公社中，地段是否应当是私有地产，而土地上获得的果实是公有财产呢，还是相反的呢，还是不论土地或它获得的果实都应当是公有的呢？在第一种情况下，拥有土地较多的人就不得不为了耕种土地而多劳动，但所获得的产品却与其他不劳动的人一样多：这样会造成纠纷和产生恶果。在第二种情况下，大家就会对工作采取懒散的态度，不好好地耕种土地。要知道，每个人对私有财物要比对公共财物更加关心。凡是有许多奴隶的地方，工作就差些，因为有的人把本来应当自己做的事情交给别人去做了。在第三种情况下也会发生同样的事情，此外，还会出现其他的恶事，因为每个人都力图获得较好和较多的产品，而只肯付出较少的劳动，这就会引起争吵和欺骗，而不会造成友好关系。

2. 第二个反对意见。亚里士多德用下面的方法来反对阶层地位的共同性:要管理国家就必须有各种不同的阶层,例如,按照苏格拉底的说法,必须有战士、手艺人和统治者。如果一切都是公有的话,那么,每个人都不愿意去做农民的那种使人疲劳的工作,而愿意去当战士,可是到战争的时候他就愿意去当农民,或者不拿军饷就不肯打仗了。大家都同样地愿意当统治者、法官、神甫。如果对某些人赐以荣耀地位,从而加重另一些人的负担,那么前者就会要求地位低的人劳动,于是又会再发生像以前那样的不平等现象。所以,最好是把财产分给大家。

3. 第三个反对意见。如果实行财产公有制,慷慨性就会消失,好客和帮助穷人的美德也会消失;因为没有财产的人是不可能做到这一点和值得感谢的。

4. 第四个反对意见。主张公妻、共产的人们断言,他们之所以过这样的生活,是为了仿效使徒们。圣奥古斯丁在反对他们时证明,否定分产是一种邪说。就像索托·多缅科[151]在自己的《论司法和法律》一书(第四册,第三个问题,第一部分)中所指出的那样,杨·胡斯[152]由于否定拥有私有财产的可能性,因而在康士坦丁宗教会议上判了他的罪。基督也说过:“该撒的物应当归该撒”等。

(回答)但是教皇圣克里门特曾在被格拉齐昂[153]列入天主教宗规法(第一章,第十二个问题)的第四封信中反对这些说法。他说:应当使这个世界上的一切归大家享有,但是由于产生了不平等,于是,有的说这是属于他的,有的说那是属于他的,等等。他接着说:使徒们就是这样生活的,并教导我们说,一切都应当属于我们大家所有，甚至包括妻子在内。教会的一切创始者根据《圣经》第一篇《创世记》[154]也同样地教导我们，在《圣经》中说，上帝什么也没有分配过，而是把一切留给人们共同所有，以便他们生养众多的儿孙，遍满地面。伊西多尔[155]在关于自然法的一章中也是这样教导的。据圣路加、圣克里门特、德尔图良、兹拉托乌斯特、奥古斯丁、阿姆弗罗西、裴洛、奥里根等人断言，使徒们和最初的基督教徒过的是这种生活。据耶朗尼姆、普罗斯彼尔、教皇乌尔班等证明，后来只有牧师才过这种共同生活。但是在教皇西姆普利齐雅时代，约在纪元470年，教皇把寺院的财产分开了，一部分交给主教们，一部分进行寺院的建筑，一部分分给牧师们，一部分分给穷人。再过一些时候，教皇盖拉齐也是这样做的。圣奥古斯丁本来也不愿意授予那些没有把自己的财产变为公有财产的僧侣以僧位。后来他又准许这样做，不过是为了勉强地使他们不变成隐瞒自己财产的伪善者。因此，谴责公社生活或一口咬定这种生活违反自然，是一种邪说。甚至圣奥古斯丁也认为，放弃财产意味着爱的加强。由于这一原因，不论对于现在或将来的生活来说，财产公有制是一种最好的制度。圣兹拉托乌斯特教导说，只有传教士们仍然采用这种生活方式，他预先为大家规定这种生活，向大家介绍并劝导大家过这种生活。他在对安条克人民讲道时也说过，谁也不是自己财产的主人，而是像寺院中的主教那样，是财产的分配者。因此，每个俗人如果滥用自己的财产，而不把它分给别人共同使用，就应当受到惩罚。圣托马斯教导说，我们是财产的主人，而不是使用财产的主人，因为需要时一切都是公有的。因此，如果你仔细而全面地观察一下，就会发现这种财产所有权不如说是一种负担和义务，因为分配它时要向别人报告,分配得是否妥当。圣瓦西里在对富人的布道中以及圣阿姆弗罗西在第八十一次布道中都是那样教导的。兹拉托乌斯特也极英明地把这一点列入几乎自己的一切讲道中,特别是关于《路加福音》的布道中,他在第六章里说:“让任何人都不要把任何东西称为自己的财产;一切都是我们从上帝那里获得的;‘我的’和‘你的’这两个字是虚伪的字。”在柏拉图的《理想国》和《蒂迈雅》里,苏格拉底也是逐字逐句地这样说,圣奥古斯丁在关于约翰的第八篇论文中也是这样说。一位信奉基督教的诗人也说:

> 如果我们把“我的”和“你的”从我们的事物中铲除,
> 那么战争就会停止,和平将占优势,不会再发生纠纷。

奥维得在《变形记》[156]第一册中也写道,这种生活是黄金时代的生活。阿姆弗罗西在关于第一百一十八首赞美诗的第五十封信里说:“我们的上帝希望土地归大家所有,但是贪婪却支配着所有权”,等等,而在《论纯洁性》一书中他断言:暴力、杀人和战争是在追求浮华的犹太人之间瓜分财产的手段,而不是在基督教和教士产生以前的列非特[157]之间劈分财产的手段。圣克里门特认为各族人民的不公正是产生所有制的原因。阿姆弗罗西在《论神职人员的职责》一书第一部分第二十八章中根据《圣经》和斯多噶派哲学家的权威的意见也同样地证明,万物都是公有的,但是经过强制的占有而被瓜分了。在《盖克萨梅龙》第五册中,这位阿姆弗罗西以非军事的蜜蜂国家作例子来教导人们过那种以财产和儿女公有制为基础的生活,并举出鹤作为例子,滔滔不绝地劝导人们也在那种军事国家里过公社的生活。耶稣也指出天上的飞鸟作为榜样,说它们没有财产，不耕种，不收获，也不划分牧场[158]。正如一位法学家[159]所说的，“自然法是自然界教会了一切动物的法律”。因此，按照自然法，一切都公有，这是千真万确的。

斯考特在自己对第四个寓言的述评的第十五节[160]中回答说，按照自然法，公有制是人们在纯洁状态中所固有的，但是在亚当犯了原罪之后，他们的这一权利就被剥夺了。然而这个答复是不正确的。据圣托马斯说，要知道，原罪所消灭的是神赐的东西，而不是自然界赋予的东西。由此可见，原罪意味着对自然法的破坏和对理智施加的暴力，而不意味着新法制的建立；所以，如果公有制符合法制的话，那么劈分就是违反法制的。因此，在圣克里门特对“创造”一章的注释中说：“由于违背正义，即按照与自然法对立的人民法[161]。”圣托马斯说：自然界是上帝创造的，如果劈分与自然界相抵触，那么它怎么能算是法制呢？那么法制也是不应该有的了。斯考特回答：劈分是由于非正义的行为，即由于犯了原罪而发生的。但是斯考特的这一注释是不正确的，因为阿姆弗罗西说过，劈分是贪婪和暴力的后果，斯考特对这句话又如何来解释呢？圣克里门特也说过，使徒们使我们恢复了自然法；可见，往昔的不公平就包含在现在的财产分有制内。加艾丹诺教导说，过去存在过人们不赞成的自然公有制，因为自然界没有指示分产，也就是说，这种公有制应该不是具有肯定意义的，假使是具有肯定意义的话，自然界就会指示，应该过的只是公社的生活，而不是另一种方式的生活。斯考特指出，这种生活方式是普通的。他说：但是，既然在自然界中发生在分有制之前的只是人们不赞成的公有制，那么怎么会像神父们所教导的那样，由于暴力、不平等和贪婪而发生分有

制呢？因此，圣托马斯有更充分的理由教导说，公共使用是符合自然法的，而劈分财产和保护财产是符合各族人民的权利的。而且这种财产是与自然界不相抵触的，因为在需要时和多余时它就是公共的财产，正如托马斯在谈到施舍物时所教导的那样。要知道，人和自然界所剩余的东西应该分给别人，否则，不让饥饿者吃饱的人也就不会在审判日被判罪了。圣托马斯的这一教义虽然把分产认为仿佛在某种程度上符合于法制，但是他认为这只是劈分财产和保护财产。兹拉托乌斯特、瓦西里、阿姆弗罗西和教皇立俄(在《关于苛捐杂税》的第五次布道中)的公正的教义仍然是不可动摇的，他们说：富人不是主人，而是分配者；如果他们是主人，那也只是在分配和保管方面的主人，就像主教分配和保管教堂的财产那样。他们只是他们花费在衣食上的那部分财产的主人。就像教皇约翰二十二世[162]在《怪癖者》法令中所作的决定和证明那样，甚至僧侣也有这一部分。因为僧侣和圣徒是合法地，而不是违法地分享这一部分的，也就是说，他们是根据权利，而不是根据实际的拥有来享受这一部分的；当强盗使用别人的某种东西时，才是根据实际的拥有来使用的。然而索托认为这位教皇犯了错误，由于他自己憎恨圣芳济派而作出了这种反对圣芳济派的决定：因为克里门特五世[163]和尼古拉三世这两位教皇提供圣芳济派的只是实际上的使用，而不是根据权利的使用，例如一个被邀来进餐的人是根据实际的消费，而不是根据权利来进餐的。但是索托的看法却有错误，他不公正地指责教皇约翰二十二世，因为他提到的教皇们所否定的并不是由于自然法而产生的使用，而是由于合法权利而产生的使用。因此，圣托马斯也认为，对于那些使用消费品的人来说，

使用和占有是区别不开的，这从他的论文《关于作为消费品的财产的使用》（第二册）中就可以看出。由此可见，教皇们所教导的，并不像约翰二十二世所教导的那样，是互相矛盾的；但是谁否定使徒们和基督有权利使用，谁就是异教徒，因为照这样说来，他们享用好像就不是根据权利，而是像强盗那样，是违法的了。属于强盗的是实际上的拥有权；然而在需要时由于自然法而产生的使用权也可以属于强盗。这一切显然说明了神甫们的教义是不可动摇的，不管那些呆头呆脑的一知半解的人是否同意。一个被邀请来的人是根据一种称为赠与而实际上等于出售的权利吃饭的。但是你会说：这么说，富人应该归还多余部分了。可是归还给谁呢？给穷人还是给国家？我就会说：给国家也给穷人。但是这里不是讨论这一问题的地方，因为已获得的权利并不属于穷人，所以我说：给上帝，正如瓦西里、阿姆弗罗西和立俄所断言的那样，上帝在最后审判的日子里会回答这个问题的。

总之，在我们的国家里，人们做事是问心无愧的。在这个国家里，消灭了万恶之源的贪婪，做生意所固有的欺骗，消灭了偷窃、抢劫、无节制、穷人受侮辱以及甚至高贵门第的人们也具有的那种无知（因为他们虽然想研究哲学，但还是被迫要工作）；还消灭了过分的关怀、过度的劳动、商人所谋取的金钱、吝啬、骄傲，以及因财产分有制而产生的其他恶习。如前所述，自私自利、仇恨、嫉妒、耍阴谋诡计也同样地消失了。由于国家职位是根据天赋的才能来分配的，所以我们就能铲除那些因职位的继承和选举以及因贪图功名而产生的恶事，正如圣阿姆弗罗西在谈到蜜蜂国时所教导的那样。我们也仿效自然界，像蜜蜂那样，使最优秀者担任首长的职务；如果说我们也采取选举的办法,那它是合乎自然的,而不是随意的:这就意味着,我们所选举的是由于具有天赋条件和高尚道德而出众的人。

1. 对第一个反对意见的答复。我们发觉亚里士多德是故意犯错误的。因为按照柏拉图的说法,不论地段,果实或劳动成果都是公共财产。在我们的国家里,正如正文[164]中所指出的那样,负责人员是按照适宜性和能力来分配职业和劳动成果的,是委托手工业方面的负责人会同许多人来执行这些工作的。谁也没有机会把任何东西据为己有,因为大家都在公共食堂中用餐,并向主管衣着的负责人员领取所需要的衣着后,按照季节和自己的健康情况穿这些衣着。这在使徒们生前的寺院中无疑地也可以看到。亚里士多德是胡说八道。请参阅《太阳城》本文中关于衣着按照季节、劳动性质的分配办法,职业的分配办法,工作的执行等等办法[165]。要知道,谁也不能不接受这种分配办法,因为一切都是根据理智办事的。而且,每个人都喜爱适合他自己本性的事物,因为这些事物是我们的国家所固有的。

2. 对第二个反对意见我们的答复也是同样的。我们国家的负责人员使每个人从幼年时代起就按照他天生的爱好,开始研究各种艺术。每个人经过用最好的方法在经验和学习方面的考验后,被推荐来执行对他比较适宜的职务。但是,只有最优秀的人物,才能按照本文中所描述的程序[166]成为最高的负责人员。战士不愿意当首领,农民不愿意当司祭。在我们的国家里,授予职务是根据实际技能和学问的,而不是根据赏识和亲戚关系,因为我们已使亲戚关系化为乌有。每个人要在自己的德行出众时才能获得职位。最重要的负责人员不会推崇一些人，而凌辱另一些人，因为他们不是专横地，而是遵循天赋条件进行领导，并给每个人指定合适的职务的。他们没有财产，如果有了财产，他们就会靠它来侵犯别人的权利，以便抬高自己的孩子。但是他们具有遇事处理得当，从而获得荣耀地位的特点。他们把所有的人都看作自己的兄弟、儿子或父母，因此他们爱护所有的人，而不侮辱任何人。谁也不是为了薪饷而作战，因为他有生活资料，但是每个人都需要那种由于自己的英勇行为就能有权获得的荣耀地位。罗马人一直到对特拉契纳[167]的战争为止，都是不领薪饷而作战，并竞相为祖国捐躯的；然而每当产生爱财的念头时，英勇精神就逐渐丧失。萨留斯底和圣奥古斯丁教导说，罗马人之所以能把他们的国家提高到这种帝国的地位，是由于他们热爱公社。据萨留斯底证明，迦图也说过："公共财产的富足和私人的贫穷，对国外领地实行公正的管理，用自由精神（这种自由精神既不会因恐惧而感到苦恼，也不会被激情所迷惑）来解决国内的一切问题，这一切使罗马国家受到赞扬。"[168]十分明显，在我们的国家里，这一点是可以通过消费品和阶层地位的公有制[169]，并按照本性的要求完全能做到的，而且会做得更好。

3. 对第三个反对意见的答复。亚里士多德的论断，甚至索托的论断都是考虑欠周的，我不说它是不诚实的。使徒们和僧侣虽然没有财产，难道他们就不慷慨吗？根据圣托马斯的证明，慷慨不在于赠送你据为己有的东西，而在于使一切变为公有。在《太阳城》本文中已说明，国家如何帮助异国人和天生的穷人，因为从财产方面来说，我们这里是没有穷人的，这里的一切都是公有的，所有的人都是兄弟，互相效劳，在互相效劳中就表现出慷慨。但是如果你继续坚持己见,那么我就说,我们国家的居民把慷慨变成了行善,行善是一种比慷慨更高尚的美德。关于这一点请参阅本文[170]。

4. 对第四个反对意见的答复。索托以通常的狡猾手段引用了一些论据。要知道,奥古斯丁在《论异教》一书中(第四章)曾教导说(圣托马斯也这样教导过),异教徒是那些否认有可能拯救有产者的人,以及那些认为应当同妇女发生不正当的性交关系的人,但并不是因为他们宣传公妻。相反地,否定使徒们和僧侣所维护的公有制,是比否定分有制更大的异教。虽然如此,但我们同意:寺院之所以会分产,与其说是它自己发起,不如说是一种让步。然而,正像圣奥古斯丁所说的那样,寺院宁愿要瘸腿的僧侣,而不愿要死的僧侣,这就是说,它宁愿要有产者,而不愿要伪善者。甚至索托本人也认为,这种分产是由于疏忽地对待公共财产和贪婪地对待私有财产而实行的,即由于不良的原因而发生的;可见分产不是一种好事;它只是容许做的一种事,而不是按照本性所希望做的事。他怎么敢于把那些遵循自然法的人叫做异教徒,并赞扬那些同亚里士多德一起宣扬由于人的弱点而产生的让步的人呢?我们说,寺院可以进行分产和许可分产,就好像寺院也可以把荡妇的行为当作较小的恶行来容忍一样。与此相同,就像圣奥古斯丁所说的那样,它宁愿要瘸腿的僧侣而不愿要死僧侣。如前所述,在寺院中,所有制是容许的,为的是管理财产,而不是为使用多余部分;亚历山大、阿尔方斯、韦尔登的托马斯、里卡德和帕诺尔米塔[171]认为,那些断言僧侣对于寺院财产拥有真正所有权的人是异教徒;但是这些作者对于这些财产的使用权属于僧侣,还是认可的。圣托

马斯只把属于消费的一小部分归他们所有，因为他们只有地段的使用权，而不能立下遗嘱把这些地段交给儿子或朋友。关于俗人的情况前面已经讲过。不学无术的人会把他们不能用合乎理智的理由来战胜的那些人，立刻宣布为异教徒。基督的话“该撒的物应当归该撒”（《路加福音》，第二十章）使该撒成为只是在分配方面的所有者，或者根本没有使他成为所有者，因为任何东西都不属于该撒。既然他得不到什么，属于他的还有什么呢？可见，一切都属于上帝，而该撒只是他的管家。参阅我们曾写过有关这一点的《论救世主的君主国》[172]。基督也讲过这样的话：“君王统治着众民，但你们不可这样。你们中间地位较高的，要像服务员。”（《路加福音》，第二十二章）因此，圣托马斯公平地指出，给予所有权是为了管理和掌握财产，而财产的使用权是公有的。教皇是上帝的奴仆的奴仆，皇帝则是教会的奴仆。

Ⅱ. 康帕内拉十四行诗集选

(C. B. 舍尔文斯基译成俄文)

Ⅰ. 引言

真善美的真正盾牌,
是索非亚接合着理智产生的,
我屡次向母亲呼吁,
请看尘世如何在损害自己。
她忠于丈夫,慷慨地向我灌输很好的才能,
于是才能浇遍我的全身,
并给我这个行家和能手开辟了
新的世纪和以往有过的时代。
广大的世界类似家乡,
但要避开那些好夸张的虚伪的学派——
你就会在度量衡中找到真理。
行为总是会预先被识破的——
请把高傲、无知和谎言
放在我从太阳那里偷来的烈火中销毁吧。

Ⅵ. 不朽精神

我整个身体在一小把脑髓中——可是我贪婪地阅读的书
却多得全世界也装不下。

我的贪得无厌的胃口是填不饱的，
老是感到饿得要命。
我是阿里斯达克和密得罗多尔*，
吞食了庞大的世界仍然没有吃饱。
无止境的愿望使我永远苦恼：
我认识得越多就知道得越少。
因此，我要成为不朽神父的形象，
他包围着我们，就像大海包围着鱼一样，
他喜爱哲人的智慧，
他用三段论法就像用箭一样射穿了我的心。
思想是不受拘束的。凡是崇敬上帝和信仰宗教的人，
他们的心情总是愉快的。

Ⅷ. 论宇宙间重大罪恶的根源

我降生是为了击破恶习：
诡辩、伪善、残暴行为，
我珍视菲米斯**的坚贞、
能力、智慧和爱情——她的教训。

---

* 阿里斯达克（公元前四世纪末至三世纪前半叶），古希腊的天文学家，被誉为“古代世界的哥白尼”。他第一个教导人们说：“地球围绕太阳运转。”他由于被指责为无神论者而被迫离开雅典。

密得罗多尔（公元前150年左右生，公元前70年代左右死），古希腊罗马的历史学家和哲学家。——译者注

** 菲米斯——希腊神话中的司法女神，相当于罗马的尤斯蒂茜雅。菲米斯的形象一般是眼睛深沉，一手拿着秤，另一手拿着宝剑。——译者注

哲学家的发现具有最高的效用，
它谦虚地教人以真理——
这是医治三重谎言和极大罪恶的灵药，
它会使那令人遭受痛苦的世界失掉力气。
倒毙、饥饿、战争、敌人的阴谋、
淫荡、冤案、奢侈、任性——
在那三种道德沦丧的恶习面前就显得没有什么了不起。
而自私自利却是主要的罪恶根源，
它是以无知作为丰富的养料。
我到世界上来就是为了击溃无知的。

XXXI. 论平民

一只花花绿绿的巨兽——平民。
它不知道自己的力量，只知道绝对服从，
它曳着重锤，拖着石头，原木——
引导着它的是一个瘦弱的男童。
只要一击，男童就会跌倒，
但是野兽胆小，它和蔼地服务——
而对于那些用废话蒙哄它、压迫它的思想的人来说，
它又是多么可怕的啊！
怎不令人奇怪！它自己用战争、监牢折磨自己，
为了一分钱就处决自己，而这一分钱还要被国王拿走。
天下的一切都属于它——
但这是它从来没有料想过的。

如果有人教会它怎样做，
那么，它终究会杀死他。

XXXIX. 致瑞士人和格劳宾登人

噢，阿尔卑斯山，既然自由把您——
上帝的礼物——抬到天那么高，
为什么任何暴君、恶棍，
又都用您的手加强可恶的政权？
他们从大大敞开着的窗子里把面包端给您
而您也不感到难过！
一想到您在为黑暗的勾当流血，
您的荣誉就被残酷地践碎。
自由人一切都有——
而奴隶既不给吃，又不给好衣服穿。
因此连您也不准许佩带马尔太十字架*。
别拖延时间了！让你们的自由人民，
从主人那里夺回自己的东西，
这些东西是以非常昂贵的价格卖给你们的。

L. 论黄金时代

从前曾有过黄金世纪的时代，
它是会回来的，而且不止一次。

* 马尔太十字架是马尔太骑士团的团徽。——译者注

一切被埋葬的东西都力图重见天日，
它们终于将循环归根。
狼、狐狸、乌鸦——一切坏东西，
都反复地说，它们再也不来访问我们了，
但是，上帝的声音、预言和故事还是提到了它们，
也提到了一切贪求者。
如果人们忘掉“我的”、“你的”，
从事一切有益的、正直的和愉快的事业，
我相信现实生活就会变成天堂，
盲目的感觉就会变成有眼光的高深的知识，
而不是迂腐的知识，
迟钝、撒谎和暴君的压迫就会变成美好的兄弟情谊。

哲理推究法

(B. A. 叶申译成俄文)

世界是一本书，永恒的理智在那里
写进了自己的意见，这是一座有求必应的庙宇，
理智用活的人物把它装饰成一个舞台，
作为反映和范例。
为了使任何有才智的人都能通晓和洞察
艺术和管理，都能不发生剧烈的争吵，
而说：我会把宇宙牢记，
何必在任何生物中都有上帝——

但我们由于自己的灵魂永远被迫留在死寂的庙宇，
留在死的书本里，
因此宁愿要它们而不愿要这面护心镜。
啊，痛苦的是，由于失策
而不能摆脱无知、疲劳、纠纷和病痛；
不过我们终于会返回原处的！

附录(二)

康帕内拉的共产主义乌托邦

B. П. 沃尔金

康帕内拉的《太阳城》在社会思想史上占有很重要的地位。这一著作在十七和十八世纪发生过无可争辩的影响。《太阳城》是传布共产主义观点的文献资料，它应该和托马斯·莫尔*的《乌托邦》相提并论。这是一部具有重大历史意义的文献，是一部值得研究的文献。

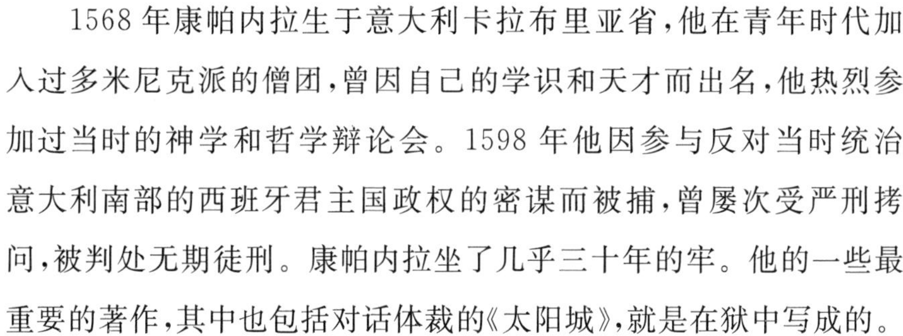

1568 年康帕内拉生于意大利卡拉布里亚省，他在青年时代加入过多米尼克派的僧团，曾因自己的学识和天才而出名，他热烈参加过当时的神学和哲学辩论会。1598 年他因参与反对当时统治意大利南部的西班牙君主国政权的密谋而被捕，曾屡次受严刑拷问，被判处无期徒刑。康帕内拉坐了几乎三十年的牢。他的一些最重要的著作，其中也包括对话体裁的《太阳城》，就是在狱中写成的。

---

* 托马斯·莫尔(1478—1535 年)，英国杰出的人道主义者，空想社会主义创始人之一，他的《乌托邦》一书出版于 1516 年。——译者注

康帕内拉的文学遗产是很丰富的，其中涉及有关哲学和政治的各种问题。他在自己的哲学中，把对经院哲学所持的否定态度，把感性认识论的基本原理同基督教神秘主义、占星术和中世纪犹太神秘哲学的传统结合起来。康帕内拉认为直接研究自然界的“活法典”是认识外在世界的源泉。他肯定说，要靠感觉经验和感觉来认识世界；同时，他发展了对他无疑起过很大影响的十六世纪意大利著名哲学家特列佐*的原理。“宇宙是把无穷的智慧纳入自己固有的思维的一本书”。康帕内拉斥责了那些把精神锁在这种“活天书”的坏抄本上的人。但另一方面，按照康帕内拉的学说，精神的自我认识，人们对包括“微观世界”（小宇宙）的自己的实质的研究，是洞察宇宙奥秘的途径。康帕内拉曾在笛卡尔之前就提出下列原理作为认识的基本原理：我思故我在。感情这种东西，在传达事物的形式时是可以使人受迷惑的。为了使人不做感情的俘虏，人们获得了使他们超越尘世的理智。

康帕内拉在谈到“上天精神”和“天体理智”时，认为宇宙和它的各个部分都是有灵性的。一切都生存着，一切组成了有生命的统一体。宇宙是一个具有一切存在物的特性（威力、智慧和爱）的有生命的东西。按照康帕内拉的学说，下等生物虽然没有意识，但有生命，因为从死的东西中不能产生活的东西。自我保全是一切存在物固有的本性，自我保全的意图是由物质运动引起的。

存在的本源是神。但康帕内拉所理解的神，是和基督教理解

---

* 特列佐（1509—1588年），意大利哲学家，自然科学家。以攻击中古亚里士多德哲学著名，是近代科学方法和经验主义哲学的前驱。——译者注

的上帝不同的;在他关于神的学说中,可以看到泛神论的倾向。神就是一切。自然界是神的“雕塑的形象”,或神的流出体;有时,他干脆把神和自然界等量齐观。神领导着世界;太阳对地上的生物实现神的意志。康帕内拉好像把太阳崇拜为神(太阳神),因为他认为太阳能够创造新东西,他也号召人们崇拜太阳。一切东西不仅力图维护自己的生存,而且也力图回到自己的本原——神那里去,即回到“一切存在物的大洋”去。这种意图是宗教的基础。康帕内拉教导说:“宗教是与贯穿着认识、意志和爱的神结合起来的统一体。宗教不是捏造出来的,它是自然的规律。”康帕内拉的思想有时接近“自然宗教”的思想。他承认“神的启示”,但他所理解的启示不仅包括教会的教义,而且也包括自然。他好像认为只有不违反理智和天赋道德的启示,才是真正的启示。康帕内拉曾积极捍卫科学研究的自由(特别是出面捍卫过伽利略)。在他看来,真理和追求真理的意图,是与《圣经》相左的。但在康帕内拉的著作中,又可以看到与此相反的论点。这也许是他想对他的压迫者表明自己是一个比较笃信宗教的人,所以他宣称:感情和理智只能“补”启示之不足,教会的权威才是真理的最高准则。他认为在任何情况下,基督教的启示都是符合理智的要求的。

康帕内拉的哲学是先进和落后的思想结合起来的哲学。对他所处的时代来说,他的某些思想是先进的,因为这些思想符合在封建制度内逐渐成熟的新社会制度和非宗教的、合理的新的世界观;另一方面,他也有落后的思想,因为这些思想并没有根除陈腐的、宗教的和神秘主义的世界观的传统。我们在康帕内拉的政治观点中,就可以看到这种先进倾向和陈腐倾向相结合的论点。他认定表现神的意志的自然规律是国家的基础。人类的智慧能够发现这些规律,而且应当遵循这些规律。国家组织的最终目的,是把所有的人联合到反映神的一致性的统一的世界政权之下。但是,康帕内拉却希望他所处时代的反动势力来实现这一目的。我们可以看到他的由教会来统治国家的思想,也就是由作为教会首脑的教皇来统治的世界君主制度的思想;但他在周围的现实中不能找到能够实现世界统一和正义制度的力量,因此,他甚至对他在 1598 年高举起义旗帜反对过的西班牙君主制度也抱过幻想。

康帕内拉的哲学是自相矛盾的,所以它只能作为一种过渡时期的脱离现实的空论样板而引起人们的注意。但这类脱离现实的空论是不能产生长期影响的。在康帕内拉的一切著作中,只有《太阳城》能在长时期内保持它的意义;这是一本小册子,他在其中叙述了自己对人类社会的正义制度的看法。

《太阳城》是用对话体裁写成的。康帕内拉对自己编的故事选择了这种在古希腊罗马文学和十五、十六世纪文学中广泛流行的体裁,但他并不能利用这种体裁应有的形式。其实,我们所看到的并不是一篇对话,而是一篇逐段连接的用第一人称讲述的故事,其中为了迎合文学传统,加添了交谈者之间的一些毫无意义的、无非是要把故事转换话题的插语。这些插语并没有使故事产生什么重要的意义,没有它们也决不会使故事失去它的意义。故事本身是用这种乌托邦著作通常采用的刻板公式构成的:一个旅行家偶然来到一个人所不知的、新发现的国家,在那里,他发现正在实现他理想的完美的社会制度。这种早在古希腊时代就由艾夫盖梅尔和雅木布尔等所制定的刻板公式,在十六至十七世纪中由于新的地理发现而更加风行一时了。

康帕内拉的故事的文体是枯燥无味的、抽象的、缺乏鲜明形象的。因此,并不能以自己的文学成就吸引读者;作为一部文学著作来看,康帕内拉的这部对话著作,当然不如莫尔的《乌托邦》。

这部著作的成就和影响,显然是由它的其他一些优点决定的。《太阳城》之所以能引人注意,能在西欧各国广泛流传,并不是由于作者的文学天才,而是由于作者规定了十分明确的共产主义的原则。完全没有私有财产,大家从事义务劳动,由社会组织生产和分配,对公民进行劳动教育——这就是康帕内拉的社会思想的总体。正是这些思想使《太阳城》流传了三百年,使它能拥有很多读者和景仰者。《太阳城》提出了这样的共产主义原则,因此它应该享有荣誉。从这一方面来说,它的荣誉要比《乌托邦》或稍后的十七至十八世纪的社会小说所获得的荣誉更加显著。

在太阳城(康帕内拉用对话方式由一位返回祖国的热那亚籍航海家讲述的所谓的国家)中,每个公民都是社会的公仆;由大家来分别进行“艺术工作、劳动和其他工作”。因为,每个公民所做的某种工作,是根据“占星学”的材料和他的爱好来分配的,所以,全体劳动者都能愉快地、认真地执行自己的工作。劳动者为社会进行生产,生产出来的一切东西都要送入公共仓库,而且这些东西都是大家共有的财产。每个手工业部门的生产都由专职人员来进行监督,他应该注意所进行的工作是否符合社会的需要。农业工作是用义务劳动的方式进行的,每个公民必须从事这种劳动,根据当局的命令在必要时他们要出城去完成派定的工作。妇女和男子同样要为社会劳动。根据妇女身体的特点,只分配给她们比较轻松和不损害健康的工作。这里应该指出，康帕内拉也具有当时许多先进思想家（例如培根）所具有的思想：利用技术来减轻人类的劳动。

因为在太阳城中全体公民都要劳动，所以每个公民每天只消承担四小时的体力劳动。其余的时间就可以用来从事科学工作或体育运动等。可见，在他们那里，体力劳动是和脑力劳动结合起来的。适度的劳动不会危害他们的健康，只会增强他们的精力。

各种劳动都同样受到重视，因为“每个人，无论分配给他任何一种工作，都能看作最光荣的工作来完成它”。每个人都力图争先完成交给他的工作。在太阳城中，凡是学会手艺和技能的人，善于熟练地应用手艺和技能的人，都算是最著名和最受人尊敬的人。“他们（即太阳城的公民）尖刻地讥笑我们，因为我们把工匠称为下贱人，反而把那些没有技能、过着游手好闲生活、为自己无所事事和淫逸放荡的生活而雇用许多仆役的人称为高尚的人”。由此可见，康帕内拉不仅具有“人人必须劳动”的思想，而且也具有“劳动是光荣事业”的思想的萌芽。

每个公民都能从社会那里取得满足他的需要所必需的一切东西；但康帕内拉认为，公民可能会对某种产品提出过多的要求。因此当局应进行监督，不让任何人取得超过他所需要的东西。在这样的分配制度下，太阳城内自然不会有什么交易了。那里也有货币资金，但它是专门用于对外贸易的。全体公民都住在公有的建筑物中，他们每六个月要更换一次房屋。公民在公共食堂用餐。太阳城中没有家庭；也像在柏拉图的《理想国》中一样，为了社会的利益，性交要由当局加以调节。使下一代公民尽量成为好公民，这对社会来说是很重要的,因此,不能让下一代有不加以节制的性关系。所有的儿童(男孩和女孩)都能受同样的社会教育。他们从幼年起,就能通过游戏获得有益的知识。这个国家的主要城市好像是一个陈列着直观教具的博物馆。孩子们由教师率领着在城市中散步和游戏,因而他们能获得最简单的科学知识。从一定的年龄起,对孩子的教育就由这种游戏教育制度改为与劳动相结合的教育制度。大家都能受普通教育和职业教育,因而能学会各种手艺。

康帕内拉在他《论最好的国家》的论断[1]中,肯定了他在《太阳城》中描述的制度,是最符合天赋人权和人类本性的。根据天赋人权,一切都是公有的。造物主创造土地,是想使它成为公有财产;蜜蜂的生活就是天然公有的榜样。划分财产是违反天赋人权的;“我的”和“你的”是骗人的话。私有制和自私自利是违反对人仁爱的道德要求的。富有和贫穷,这是人类社会的主要缺陷,它们造成了一切恶习;贪婪是一切恶习的根源。要使生活适应自然,必须受理智之光指导。在《太阳城》里,人们正是这样生活的。它实行的公有制消除了自私自利引起的一切恶习,而以对公社的爱来代替它们。那里既没有悭吝和互相仇视的行为,也没有讼争和欺骗。那里也不会有穷人因过度劳动、富人因过游手好闲生活而产生的肉体上和精神上的缺陷。大家同样从事力所能及的劳动,这不仅保证了公民身体的健康,而且也保证了他们的幸福,因为每个人都热爱符合他本性的东西。太阳城的全体公民都是热烈的爱国主义

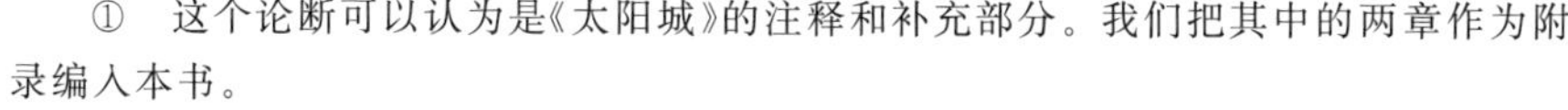

① 这个论断可以认为是《太阳城》的注释和补充部分。我们把其中的两章作为附录编入本书。

者，这是不足为奇的。“他们对祖国是那样难以想象的热爱”。

康帕内拉说，大家都强烈希望有这样的国家组织，大家都想望这种像“黄金时代”一样的制度。如果说直到现在任何地方都没有实现这种制度，那是因为国王心怀恶意，他要使国家置于他的专横统治下，他认为自己的专横是受最高理智支配的行为。康帕内拉在他的一首诗中说，所有的人民遭受着因三种恶习，即残暴行为、诡辩和伪善而引起的痛苦。这些恶习的根源是利己主义。人类起源于贯穿着爱的神，只有考虑到符合神的一致性的人类的一致性，他们的精神才能宁静。

康帕内拉说，反对公有的人并不否认公有是符合人类原有的本性的。但他们认为“陷于罪恶”* 使本性变坏了，使人们丧失了原有的一致性，从而不能实现公有制。康帕内拉正是用这种性质的论据来对抗经院哲学的论断的。他说，陷于罪恶后虽然消灭了神赐的才能，但不会消灭本性具有的才能，而且，根据基督教关于陷于罪恶的教义，耶稣曾以自己的死来救赎人类，使人类恢复到无罪的状况。

由此可见，硬说公社生活好像违反本性，这是一种邪说。原始的基督徒就过过公社生活，将来在反基督教统治的王国灭亡后，公有制将会在世界上占上风。但是，照康帕内拉看来，这种制度现在也可能实现，因为，再浸礼派教徒** 的例子证明了这一点。康帕内拉曾坚决赞成再浸礼派教徒的生活制度，虽然他也指责过他们损

---

* 特指亚当与夏娃违背上帝训教之意。——译者注

** 参阅本书后注第[148]。——译者注

害了宗教思想(可能是为了自我保全)。最后,如果《太阳城》的制度不能充分实现,那么,它仍然是有价值的,因为它是努力实现这种制度的榜样。《太阳城》的社会制度的基本原则,是受天赋理智的支配而确定的。因此,这些原则是根据人类理智发现的,而不是靠神的启示发现的,尽管这些原则不仅不与神的启示矛盾,而且还承认它。康帕内拉说:“我们并没有把我们的国家制度描绘成神提供的制度,而是描绘成根据哲学推理发现的制度;而且是从人类能够具有的理智出发,来证明《福音书》的真理是符合自然的。”

康帕内拉的社会思想所受的文学影响是不难确定的。他很熟悉古典文学;虽然我们在《太阳城》中只看到他直接援引的苏格拉底和柏拉图的话,但可以确定,他是看过很多书的。无疑地,他曾研究在自己著作中屡次反对过的亚里士多德,读过很多罗马散文作家和诗人的著作。他的两本关于农业和畜牧业的指南书使用了维琪尔的名著《稼穑诗》和《田园诗》的名称,这并不是偶然的。康帕内拉的乌托邦和古希腊雅布尔的乌托邦的地理位置和名称相类似,这大概也不是偶然的;应当考虑到,康帕内拉是通过西西里的狄奥多*的著作了解雅布尔的,因为西西里的狄奥多的著作曾在十五和十六世纪屡次用拉丁文和意大利文出版过**。

在这些古希腊罗马作家中,影响康帕内拉最深的无疑是柏拉图。康帕内拉常常把柏拉图看成自己的先驱者来引用他的话。他

* 古希腊历史家(公元前 80 年左右至前 29 年),著有编纂性的《历史丛书》。——译者注

** 参见西西里的狄奥多著:《历史丛书》,第 2 卷,第 57—59 章。——译者注

肯定说，柏拉图所描述的国家，如果人们都无罪过，是可以很好地存在的，只是人们造孽的本性阻碍了它的存在。他专谈婚姻关系的那一部分著作中，可以看出他受柏拉图的影响最深。可以说，在这里，康帕内拉不仅从柏拉图的思想出发，而且基本上简直是重复了柏拉图的思想，对于柏拉图的全部论据，几乎没有作什么补充。

据我们看来，很重要的是，《太阳城》虽然类似柏拉图的《理想国》，但康帕内拉的体系却具有另一个特点。这个特点就是宗教界的贵族阶级在理想的社会中占主导地位。当然，在这一点上，康帕内拉和柏拉图之间是存在着重大的和原则上的区别的。康帕内拉在《太阳城》中没有安排下过特殊生活、受特殊教育的固步自封的统治阶级。他的社会是一个大家在政治上和经济上一律平等的人的社会。然而，统治这个社会的又是一些具有司祭和世俗教师双重身份的人，他们构成了独特的、宗教的教阶。最高执政者是最明智的哲学家，同时他又是最高司祭。法官和低级职员都是一些教师和司祭。太阳城有人民议会（大会），它可以批评统治者的工作，在一定的场合下否决他们的要求，拟定担任官员的候选人。但是，由最高司祭、他的三个助手以及一些高级官员组成的会议，才是这个共和国的最高政权机关。这个会议可以自己补充成员，也可以从人民推举出的候选人中遴选会议的成员。最高司祭和他的三个助手是不可更换的。可见，太阳城的政治制度是民主的原则与“贤人统治”的原则相结合的。

自然，康帕内拉之所以接受“贤人统治”的思想，是因为这种思想符合他的特殊的社会观，而这种社会观是由他所处时代的社会关系决定的。至于文学传统，那么毫无疑义，是从柏拉图那里接

受的。

在《太阳城》中可以看到的第二种文学影响,是早期基督教作家,即所谓"教会之父"的影响。我们从康帕内拉的著作中可以看到他引用了克里门特*、德尔图良**、奥古斯丁***及其他许多人所说的话。他不仅把"教会之父",而且也把稍后的中世纪的神学者(直到托马斯****)崇拜为公有原则的捍卫者。他深信早期基督徒的共产主义,也深信公有制不仅符合理智,而且也符合神的启示和耶稣的教训。他肯定说,耶稣的使徒们使我们重新获得了天赋人权。

十六至十八世纪的一切乌托邦主义者几乎都把这两种传统,即古希腊罗马的和早期基督教的传统融合起来。前者是柏拉图的"共产主义"和关于黄金时代的传说,后者是基督教公社的"共产主义"。这二者融合起来的东西是这个时代文学界最喜欢引用的论据,是自觉或不自觉地用来作为创作的一种最奇异的典型,而这种典型是符合在根本不同的社会基础上发展起来的、新的社会思想的要求的。在引用这种论据时,它的某些特点被抛弃了,某些特点又获得空前未有的发展。康帕内拉正是这样对待他所引用的文献资料的。他没有注意到或至少没有提到柏拉图的理想社会的阶级结构和柏拉图的"财产公有制"。柏拉图认为这种"财产公有制"只能在社会的上层人物中推行,而劳动人民只应当生活在"共产主义"制度以外。同时,康帕内拉只是顺便提了一下"教会之父"著作

* 克里门特,见本书后注第[34]。——译者注

** 德尔图良,见本书后注第[36]。——译者注

*** 奥古斯丁,见本书后注第[19]。——译者注

**** 托马斯,见本书后注第[28]。——译者注

中的那些在原则上反对私有制但立刻又承认它实际上具有不可侵犯性的部分，他在写作时避而不谈这些不利于他的论点。

人们会在比较接近康帕内拉时代的一些思想家中，联想到莫尔和杜尼对他有过影响。因为，莫尔的《乌托邦》曾在十六世纪广泛地流传过，十六世纪中叶在意大利很出名的、著作很多的作家佛罗伦萨人杜尼，曾在他的一部著作中描述过社会乌托邦。

但是，令人感到奇怪的是，我们在《太阳城》中竟看不出他读过莫尔著作的某些明显的迹象，虽然在他的其他著作中引用过他看作公有思想传播者的莫尔的话。康帕内拉所描述的生产和分配的组织、行政管理和婚姻关系——社会乌托邦所有的这些最重要的特点，是完全不同于《乌托邦》的。也许只是在对公共食堂和某些细节的描述中，才能发现稍稍相似之处。如果一定要假设《乌托邦》对康帕内拉发生过影响，那也只是最普通的影响，而不是唯一的影响，只不过是启发他在公有制基础上去解决社会问题而已。

康帕内拉与杜尼之间的论点倒是有较多的共同之处。这些共同之处首先表现在两个重要的方面：管理国家方面（杜尼也主张委托担任司祭的知识分子来管理，不过，他是直截了当地解决这个问题的，更接近于教会组织的解决办法）和婚姻制度方面。但是，产生这些共同之处的原因，应该是两种乌托邦的共同的社会前提，共同掌握柏拉图的文献资料。纵然康帕内拉读过杜尼的著作，这位有点轻佻的佛罗伦萨的作家也未必能深刻地影响康帕内拉这位革命哲学家的思想。

研究文学上的联系和文学传统，具有巨大的历史意义，因为，文学上的联系并不是历史现象的独立的和直接的联系。每个社会集团和反映该集团观点的每个作者都从文学传统中接受符合这些观点的东西,而且必须根据该历史时期所形成的某些社会利益的对比关系来阐释自己的创作源泉。从这一观点来看,康帕内拉对柏拉图或克里门特理解得是否正确,就成为不怎么重要的问题了。更重要的是,他为什么正是要从这方面,而不从另一方面去理解他们。因此,我们必须直接考察一下《太阳城》这部著作的社会根源问题。

十六世纪末和十七世纪初,是意大利经济极端衰落的时期。在这些艰苦年代以前的一个长时期内,意大利曾经是欧洲经济上最先进的国家。由于十四至十五世纪意大利的经济的繁荣、贸易的发展和资本主义关系的产生,因而在那里形成了大批工场手工业工人,以及城市和农村的无产阶级出现以前的无产者。但意大利的经济发展却带有片面性。这时在意大利并没有形成统一的国内民族市场,意大利的工业中心是依靠对外贸易才得到发展和繁荣的。原有的这些贸易关系的中断,以及一方面由于伟大的地理发现,另一方面由于土耳其统治东地中海沿岸而引起的贸易路线的改变,使意大利的经济受到很大的破坏并在那里引起严重的经济衰落。当然,经济的衰落就沉重地打击了完全或几乎完全失去进行独立生产所必需的一切东西而不得不依靠公开地或暗暗地出卖自己劳动力为生的那些社会阶层。以前还能在手工工场或采购商那里拿到工资的平民的生活情况,在十六世纪末和十七世纪初已变得非常艰难。农村贫民,特别是还一直保存着最繁重的封建剥削形式的意大利南部的农村贫民,他们的处境更加困难了。这时,在任何一个国家内出现的行乞和强盗行为,都没有像意大利那

样普遍。康帕内拉在把太阳城的制度和意大利的制度作对比时说:“那波利城(即那不勒斯城)有七万居民,其中差不多只有一万至一万五千人从事劳动,而且他们因逐日从事力所不及和不间断的劳动而精疲力竭或濒于死亡。”在意大利出现对现存社会制度表示抗议的现象,这是不应当使我们惊奇的,因为这种制度是与人民为敌的,是建立在另一些社会原则的基础上的,是维护压迫者的利益的。

但是,备受压迫的群众,自己并不能在其发展的这一阶段上明确认识到产生社会灾难的主要原因和消除这些灾难的方法。最初试图批评现存社会制度并提出社会主义和共产主义理论的是脑力劳动者。当然,某些知识分子站到被压迫群众方面而发挥的这种才能,本来既不是历史的偶然现象,也不是这个社会阶层的特殊的超阶级本性所产生的结果。这种才能是由日趋贫困的下层知识分子的物质生活条件决定的。在资本主义关系已经发展的条件下,我们常常可以看到脑力劳动供求量在一定程度上不相适合的情况,而在康帕内拉所处的时代,情况更是这样。经济繁荣的时期曾使知识分子数量迅速增长,而在经济衰落的时期就会对他们的需求量大大降低。在意大利也当然会形成一大批这样的脑力劳动者:他们在当时的社会中没有官做,因而自然就具有严重的对抗情绪。这一批人按其生活条件来说已接近人民群众,而且他们具有比较高的文化水平。因此,康帕内拉(十六世纪末和十七世纪初意大利知识界的最卓越代表之一)用自己的著作《太阳城》来捍卫城乡贫民的利益——这决不是偶然的。

康帕内拉把未来社会结构的某些特点说成是社会起源的特

点。早期的一些空想社会主义的代表人物在高举为不幸的劳动群众的利益而斗争的旗帜时,必然会在社会思想的叙述中夹入另一些社会阶级的某些观点和愿望,因为他们由于自己的出身或其他的利害关系而与这些社会阶级有联系。另一方面,他们所代表的群众的社会积极性和自觉性越低落,他们在自己的乌托邦中所表现的脑力劳动者特有的集团观点就越明显。

这种集团利益的影响,是在十九世纪开始以前的一些空想社会主义者的著作中可以很清楚地看出的。只是在发展的工业资本主义时代,在最明显地暴露了阶级矛盾的时代,并从真正代表无产阶级的公正利益的科学社会主义获得胜利的时候起,才完全根除了这种影响。

空想社会主义者所固有的这些特点,在康帕内拉的著作中也可以很容易地看到。我们只谈其中的一点,也就是我们已经提过的最明显的一点。康帕内拉在他理想的国家中实际上是要保存由教阶制度控制的整个政权机关的,而这种教阶制度决不是重新改组的教会系统的制度。这种教会政治制度的思想,当然不能反映群众的公正利益,只能反映康帕内拉所属的知识分子集团的幻想。这些在组织上和思想上都同当时的教阶制度对立的集团,终究不能完全摆脱旧的封建教会传统的影响;它们政治上的幻想是以常见的刻板公式为出发点的,不过是按改头换面的方式加以恢复而已。很值得注意的是,这种教会的教阶制度的刻板公式竟会如此富有生命力,它竟能轻易地(在其他一些方面)套用到根本不同的社会内容上。一方面,我们可以在实质上完全不是社会主义的培根的乌托邦的"改变应改变的事物"中看到它,另一方面,也可以在那样晚期的社会主义体系中，例如圣西门主义者的体系中看到它。

理解《太阳城》的社会根源，是我们理解它出版以后的历史和它的长期影响的关键。而且，理解了这一点后，也就能清楚理解康帕内拉的古希腊罗马和早期基督教的文学导师对他发生影响的程度。康帕内拉并不是简单地接受文学传统给他的东西，而且他还根据当时的要求和他代表其利益的那些社会集团的要求，来改造这种文学传统的资料。正因为这样，所以他才能在抛弃柏拉图学说中的贵族性的特点和“教会之父”的虚与委蛇的应付行为以后，提出了空想的共产主义社会体系。当然，康帕内拉的共产主义，用恩格斯的话来说，“是一种还没有很好加工”“颇为粗陋的”共产主义*。但康帕内拉的这种粗糙的体系，无疑地还是成了以后各个时代的许多空想社会主义体系的原型。

康帕内拉对他的一些先驱者的依赖性是相当大的，而且是显著的；他们对他的影响要比对莫尔的影响大，因为正如我们已经说过的，他的乌托邦中包含的独出心裁的地方，要比莫尔的乌托邦所包含的少得多。但他决不是一位普通的编纂者和通俗作家；在社会思想史中，他无疑是一位新的历史观的创始人，即近代空想社会主义的奠基人。

---

* 《共产党宣言》，人民出版社 1972 年版，第 17 页。恩格斯对十九世纪前半叶的空想共产主义的这个评语，无疑地更可以适用于十六至十八世纪的空想社会主义者的体系。——译者注

Ⅰ. 康帕内拉传略

〔苏联〕Φ. A. 彼得罗夫斯基

吉奥凡·佗米尼哥·康帕内拉(出家为僧以后改名为托马斯·康帕内拉),1568 年 9 月生于当时西班牙人统治的卡拉布里亚区斯提罗城附近的斯坚亚诺村。早在童年时代,他就表现了不平凡的才能;十三岁时就能写诗。康帕内拉在一位多米尼克派僧侣的指导下接受最早的教育,跟这位僧侣学习逻辑,十五岁时在这位僧侣的影响下进了修道院。后来,他的开阔而复杂的世界观把他引出了修道院的狭隘天地,但他在青年时代,曾把修道院的环境看成是完美的,后来又不止一次地对它表示过失望。进修道院的决定是和他父亲的愿望相反的,因为他父亲原想把儿子送到那波利附近的一位法学家的亲戚那里去学习法律。

康帕内拉在普拉卡尼卡(位于尼卡斯特罗附近)的多米尼克派修道院里钻研了哲学和神学,他研究的主要是作为经院哲学的两大柱石的大阿尔贝尔特(1193—1280 年)和托马斯·阿奎那(1225—1274年)的著作;同时,他也熟悉经过经院哲学家注释的亚里士多德的著作。

为了受完教育,康帕内拉被派到圣·吉奥吉阿去。

在那里,发生了一件好像成为他生活中的转折点的事件。事件是这样的:科森察的圣芳济派僧侣挑起一场教义辩论,多米尼克派本来要派一位年长的僧侣去参加,但这个人临时病了,于是派康帕内拉代替他去。康帕内拉原是一位极年轻的僧侣,几乎只是一位沙弥,所以谁也没有料想到他能在这场教义辩论中有出色的表现,但他却出色地反驳了他的敌手,令人信服地和非常成功地驳倒了敌手的一切论点和证明,终于被公认为胜利者。当惊讶的听众看到这种出乎意料的辩论结局时,都认为特列佐的灵魂附在他身上了。显然,这次辩论的成功对康帕内拉起了很大的作用,鼓励了他去从事他所希望的活动。那时,这位年轻的僧侣已经对那些统治修道院的中世纪的权威表示不满了;他开始怀疑由中世纪注释家间接介绍其学说的亚里士多德。而特列佐的声誉,是他在这次辩论以前还不知道的。这时这种声誉曾促使他竭尽全力地去钻研特列佐的著作(有一位康帕内拉的传记作者说:"他不是一般地读了,简直是狼吞虎咽地读了许多书"——"Libros voravit potius quamlegit")。关于这一段生活,康帕内拉在一份我们今天还保存的材料里写道:那些众所周知的权威当时已经不能再使我满足,因此我自学了柏拉图、老普里尼、格林*、斯多噶派哲学家**和德谟克里特***主义者的许多著作,但主要是自学特列佐的著作;同时我也直接研究作为认识源泉的自然本身。在研究特列佐的著作以后,给他打开了一个新的、广阔的眼界,促使他重新提出关于存在和认识的问题。

科森察的教义辩论使一些人对康帕内拉表示不满,因此,他不

---

* 格林(约130—200年),罗马的医生和自然科学家。——译者注

** 公元前第四世纪末由塞浦路斯岛基齐昂城芝诺所创立的学派,"斯多噶"一字由他的信徒的集会地点、雅典的一个画廊而得名。早期的斯多噶派有若干唯物主义的倾向。——译者注

*** 德谟克里特(约纪元前460—前370年),古希腊唯物主义大哲学家。——译者注

能公开表示拥护特列佐,否则就会受到修道院长的迫害。所以他也就不能和这位哲学家结识,尽管后者的学说曾在他后来的一切创作中打上了不可磨灭的痕迹。只是到了1588年特列佐逝世时,康帕内拉(那时他还不满二十岁)才公开表露他对特列佐的仰慕。

一位康帕内拉的传记作者基普利安写道:“整个僧侣界都极端仇恨这位拥护特列佐、反对亚里士多德的康帕内拉——这是不足为怪的,因为,特列佐的著作是在教会的‘禁书目录’(‘Index librorum prohitorum’)中占显著的地位的,而亚里士多德的学说则是僧侣们喜欢用到基督教教义方面的。”

因为在1587年出版了一位并不著名的意大利哲学家兼法学家雅各·安东尼·马太用整整十年的时间所写的一本名叫《亚里士多德的反对倍尔那狄诺·特列佐学说原则的堡垒》的书,所以康帕内拉也出版他的第一部著作。康帕内拉用七个月的时间写了这本驳斥马太的书《感官哲学》,他曾在书前的序言里提出这样一个论点:必须根据感觉到的材料来说明自然。他在这本书的正文里发挥了这个论点,因而他显然是倾向于感觉论的。他很有根据地详细地驳斥了他的敌手,不仅表现了博学多识,而且显示了进行独立研究工作的能力;同时,他用威胁的口吻结束他的书说:如果马太敢于再站出来反对特列佐,他就立刻再写一本书加以驳斥。

康帕内拉带着自己的第一部学术著作来到那波利,并于1591年在那里出版。他在那里住了两年,写了一本新著:《论物质的感觉》(《De sensu rerum》),在这部著作里他已经放弃特列佐的教训,因为他正热衷于研究所谓“自然魔术”和占星术,而占星术却是

特列佐反对的。很明显，这部著作是受了一位那波利学者波塔的影响而写成的，波塔曾写过一本论“自然魔术”的书，并创立过“自然奥秘研究院”。但是他在那波利写的另一本书里，又追随着特列佐；这就证明，在这几年中在他的复杂的世界观里包含着非常矛盾的一些思想。

康帕内拉的自由思想不仅表现在他的著作里，而且也表现在他的行为上：为了自己的研究工作他不经教皇同意就利用修道院图书馆的藏书，并且对于因此而开除教籍的威胁表示满不在意。后来有人告密，因而把他逮捕起来押送到罗马；在那里他初次尝到宗教裁判的滋味。但这一次他总算得到宽大处理，虽然受到严重的嫌疑，但终于恢复了自由。

在恢复自由后的几年中，康帕内拉漫游了意大利的一些地方。他经过佛罗伦萨、波伦亚，旅行到威尼斯和帕多瓦。在帕多瓦时，他住在圣奥古斯丁修道院，积极地从事学术工作，同时，整理了他的一部分手稿，这些手稿曾被波伦亚的多米尼克派的修道院院长所扣留，并且被送到宗教裁判所去审查。这时，他的敌人继续迫害他，又对他提起两件新的宗教诉讼。其中第一件是关于侮辱大主教的案子，这件案子的罪名还比较轻，而第二件却严重得多，而且会引起严重后果：有人控告他是《论三个骗子》一书的作者；还有人告他，说他没有揭发某一个有犹太教倾向的、否认耶稣是救世主的异端分子。除了这些控诉外，还有人告密，说讽刺耶稣的诗集也是他写的，说他对德谟克里特等人很崇拜。也许是第一个诉案告得太荒唐，竟把康帕内拉出生前就写成的书说成是他写的，所以帮助他摆脱这一次的厄运；但更可能的是，某些有势力的庇护者帮助他获得了自由。因此,康帕内拉此后的两部著作:《论基督教的君主国》[①]和《论教会执政》必须给宗教法庭一个良好的印象,在这两本书里他是作为一个反对宗教改革、拥护教皇权力的人出现的;他主张教皇应该把全体基督徒统一在他的权力下,他不仅应当是教会的首脑,而且应当是国家的首脑。拉发格说:"康帕内拉所以要求这样一种宗教和政治的统一,只是为了想结束分裂状态,为人间带来和平和幸福。"康帕内拉的符合于他所处的时代条件的这些意图,往往是用神学的形式反映出来的,所以,天主教会的保护者们有时会把他看成一个虔诚的天主教徒。

恢复工作以后,康帕内拉不仅从事哲学著作,而且写了政论性的《告意大利公爵书》,在这部书里,他号召摆脱西班牙人的统治,来建立一个世界君主国;在这个君主国里,教皇统辖下的意大利将起领导的作用。无论在这些《书信》里或后来写的《论西班牙君主国》里,康帕内拉都提出了建立一个统一的世界国家的思想,照他看来,这种思想的最终目的是反对一切现存的政府,特别是西班牙政府,尽管人们曾预言作为世界上基督教最盛行的国家的西班牙将夺得世界霸权。

1597 年,康帕内拉二十九岁时,离开罗马;后来他在那波利住了半年后,又借口因流浪生活而患病和疲劳,回到他的故乡斯提罗城。但流浪和痛苦的生活并没有损害他不知疲乏的精力。他根据神的启示和占星术的预言得出一个推论:世界大转变的时期已经来临,因此,他认为将容易推动在西班牙难以忍受的压制下受苦受难的卡拉布里亚人民的起义。很可能,尽管康帕内拉尽了极大的努力,但

① 这部著作没有保存下来。

他的这种思想并没有为自己的听众完全理解，因为他也曾向他们预言现在世界的末日和“黄金时代”快要到来。但是，关于反抗令人憎恨的政府的起义的思想，还是不能不在人民群众中获得实际的反应。

热烈的鼓动家展开了广泛的鼓动工作。听他指挥的，既有擅长辞令的人，例如他最亲密的同谋者，僧侣季奥尼斯・庞斯，也有实际的活动家，其中最杰出的是和康帕内拉共同主持密谋的马弗利佐・迪・利纳里基。参加密谋的有把起义传播到整个卡拉布里亚的僧侣，有不满西班牙统治的贵族，也有卡拉布里亚的强盗，甚至还有土耳其人。密谋者曾对改信伊斯兰教的意大利人巴夏・席南・奇卡拉所指挥的土耳其人的舰队寄予很大的希望。

起义是预定1599年9月10日开始的。但是出了两个叛徒，事先向西班牙当局告密。密谋者立刻遭到逮捕，一部分被害，另一部分被投入了监狱。土耳其舰队在约定的时间开到卡拉布里亚岸边，但找不到任何一个密谋者。康帕内拉本人想化装逃往西西里岛，但中途被捕，根据教皇的命令被囚在那波利的监狱。

康帕内拉之所以没有立刻被害，是因他不但被控为政治犯，并且被控为宣传邪说，而宣传邪说的罪是西班牙当局无权裁决的，必须根据教皇的敕令才能裁决。康帕内拉虽然免受死刑，但他却受了那样可怕的刑讯，经历了那样艰苦的囚禁生活（肉体上所受的折磨，更不用说了）；他在整整二十五年的囚禁生活中一直保持的那种罕见的意志力，不能不令人感到惊奇。据他在《胜利的无神论》一书的《前言》[①]中说，他坐过五十处监狱，受过七次残酷的刑讯，

① 在《胜利的无神论》一书手稿本中有这个“前言”，但刊印本缺少这一“前言”。

而且最后一次刑讯约达四十小时之久,最后,在血肉模糊和濒于死亡的状态下被人抛到一个坑里。关于这些刑讯的情况,康帕内拉曾在他的诗篇和《太阳城》里谈过。他说:"他们(即太阳城的居民)无可争辩地证明了一个人是可以自作主张的。据说,有一位他们最敬仰的哲学家,尽管受敌人最残酷的刑讯达四十小时之久,但由于始终坚持沉默而没有说出敌人要他承认的半个字,所以,那些从远方慢慢地起作用的星辰,并不能迫使我们违反我们的决定。"

由此可见,康帕内拉试图从言论过渡到实现他的思想的行动,所得到的只是一个悲惨的结果;他成了犯人,在他一生最美好的岁月里过着凄惨的生活,从一个监狱转送到另一个监狱。

康帕内拉虽然遭受这一切不得不忍受的痛苦,但并没有放松他的创作活动。当残酷的监狱生活的痛苦稍稍减轻,有可能看书和进行写作时,他就构思他的一些最重要的著作。今天我们对他的若干重要著作很难确定一个准确的写作年代,但很可能,他的最重要的著作之一《论西班牙君主国》是在监狱里构思和写成的(尽管他冒称是在以前写的)。在这部著作里康帕内拉表现为一个真正精通政治和历史的人物。在早期的监狱生活里,还写成了他的那些最优美的诗篇。

康帕内拉的《太阳城》也是在监狱里写成的,这是后来发现的他所写的一切著作中最著名的一部著作,尽管篇幅不多,但恐怕是他著作中最卓越的一部了。

我们不论拿起他的哪一部著作,例如,《论西班牙君主国》,《占星术》或《胜利的无神论》,都可以看出(尽管表达的方式不同)他表达了这样的一种思想:一次巨大的社会变革是必需的,不可避免的;这种思想,因在他的其他著作里要论述理想的基督教君主国而变得模糊了,可是,在那有名的乌托邦里却公开地表达出来了。

1602 年秋,康帕内拉被判处无期徒刑。

康帕内拉曾屡次要求释放,甚至想越狱,但是越狱的准备被人事先发现,并且把他解到另一个监狱;康帕内拉曾把自己比作被囚的普洛米修斯*,把那个监狱称为他的“高加索”。

在整整这一段时期内,康帕内拉并没有消沉下去,他的精神是非常爽快的。他不仅进一步深入研究他的哲学,修订和增补他的一些早期著作,而且还写了一系列新的著作。我们不准备详细评论他一生的这一段时期内所写的著作。只消谈一谈以下的情况就够了:很多人对他的著作很感兴趣,顺便还要提一下的是,甚至他的典狱官也认为了解这位著名囚徒的思想方式是很重要的。这一情况便利了这位囚徒——准许他能接见他的朋友和那些想结识这位坚强不屈的多米尼克派僧侣的人。

而且,在这一段时期内,康帕内拉结识了路德派新教徒托庇亚斯·阿达密,因为他们都对哥白尼和伽利略的学说发生兴趣。虽然康帕内拉并不认为哥白尼的体系是无可争辩的真理,因为他正在力图创造一种他自己的天文学体系,但是,当 1616 年公开讨论哥白尼体系问题的时候,他却坚决捍卫了伽利略,从而捍卫了学术研究的自由。在这个问题上康帕内拉表现了不屈不挠的精神,而

---

* 希腊神话中巨人之一,人类保护者,他曾盗出神的火传于人世。据神话所传,他因而受宙斯处罚,被锁在高加索的悬岩上,鹰啄食他的心肝。后来,赫尔斯克释放了他,歌德、拜伦、雪莱等人的作品中都采用了普洛米修斯的形象。——译者注

这种精神是他的某些著名的同时代的人所不能坚持的,因为他们害怕遭受像这位英勇的囚徒所遭受的那种迫害。康帕内拉写了一篇详尽的论文《捍卫伽利略》,在这篇论文中他同意伽利略学说的原理,并从自然、哲学和神学的观点证明伽利略学说的正确性。

后来,康帕内拉和阿达密的友好关系由于一次激烈的辩论而破坏了。这次辩论是因康帕内拉在给自己拥护者的一些信中反对路德的信徒而引起的,结果,他们十年的友好关系终止了。

只是到了 1626 年,即经历了二十五年多的牢狱生活以后,康帕内拉的命运才稍有好转。教皇乌尔朋八世从他反西班牙政策的利害关系出发,要求把这位囚犯引渡给教会当局,因此康帕内拉被押送到罗马。但他并没有获得自由,只是允许他(当然是在经过教廷的检查之后)公开发表自己的著作。教皇之所以庇护康帕内拉,除了由于从政治上的考虑以外,还因为这位天主教会最高首脑的个人兴趣。教皇乌尔朋八世是一位占星术的热烈的拥护者,因此很想找到像康帕内拉这样一位占星术的行家。天主教会虽然没有直接摧残过占星术,但无论如何还是怀疑它的,因为占星术曾导致对自由意志的否定,并促进了命运论的成就和加尔文教神学所特有的理论的成就。尽管这样,但个别天主教会的代表人物,例如教皇保罗五世,红衣主教黎塞留*等还是相信占星术的,他们虽然正式反对占星术,但在自己的日常生活中却应用占星术。其实,这一

* 黎塞留(1585—1642 年),红衣主教,法王路易十三的宰相,1624 年起成为法国的实际执政者。——译者注

点是可以理解的，因为人们曾把托勒玫*看作是这方面的主要权威，天主教会曾把他与哥白尼和伽利略体系对立的天文学体系看作真理。另一方面，必须指出，那时许多著名的学者也都相信占星术。产生这一现象的原因是当时处于过渡性的时代，而这种时代的过渡性必然会使最进步的思想家的思想发生矛盾——这种情况在康帕内拉的世界观里就表现得十分明显。教皇对康帕内拉的占星术知识的赏识大大帮助了他。在他写完《人如何能避免星辰所预示的命运》这篇论文以后，终于获得了自由。

但是，尽管教皇的庇护使他能继续从事自己的学术工作，可是，康帕内拉的心情并没有感到安静。正是使他得到教皇好感的占星术的知识，又给他带来新的烦恼。1629 年，康帕内拉的敌人既不通知他也没有得到他的同意就出版了他的著作《占星学》。他的敌人利用这本书来作为他的迷信和不服从教会的新证据。不久以后，即 1632 年，开始对伽利略的宗教裁判，康帕内拉又一次热情地捍卫他。因此，康帕内拉的处境日趋恶化。最后，又有人控告他再度密谋反对西班牙，因而使他几乎陷于生命的危险。但是，由于他亲近法国作家瑙窦，主要是亲近法国驻罗马公使诺阿以埃而帮助了他。当他获悉情况危急时，请求诺阿以埃帮助他逃出了险境。

康帕内拉在打算到威尼斯去隐居的计划失败以后，只好永远离开他的祖国，逃到法国去了。

法国政府把他看作一位西班牙的敌人，殷勤地接待他，因而他终于摆脱了饱经忧患的生活而得到休息。他的朋友们，其中包括

* 托勒玫，参见本书后注第[123]。——译者注

著名的唯物主义哲学家伽桑狄*,尽量设法妥善地安排他的生活和保障他的物质需要。但是,虽然周围的人们给予同情和爱护,康帕内拉的生活仍然是很困苦的。经过长期的交涉以后,罗马当局才准许他出版自己的文集。但是,1639 年 5 月 21 日康帕内拉逝世了,那时只出版了他的文集的头几卷。

* 伽桑狄(1592—1655 年),法国唯物主义哲学家、物理学家和天文学家,以反对亚里士多德而著名。——译者注

Ⅱ.《太阳城》的版本和译本

〔苏联〕Ф. А. 彼得罗夫斯基

《太阳城》最初的原文是用意大利文写的;据1941年的出版者鲍皮奥推测,所有的十一册抄本,都是十七世纪头几十年的抄本。康帕内拉在1613年把自己的《太阳城》译成拉丁文,但是这个译本在十年内没有出版。《太阳城》的拉丁文版最初是在1623年由T.阿达米在法兰克福出版的,书上所加的标题是:多明我会会士弗·托马斯·康帕内拉·卡拉布里著《实在哲学》的后四部分,即论物的本质,论人的品质,论政治(太阳城即附在这一部分内)……法兰克福1623年版,后来在十七世纪又再版两次。1637年,《太阳城》被列入康帕内拉本人准备编的文集第二卷(巴黎版):多明我会会士托马斯·康帕内拉著《辩论集》四辑,其中《实在哲学》部分四卷……见康帕内拉文集第二集,巴黎1637年版。作者逝世后,1643年它又在乌得勒支(Ytpext)出版:弗·托马斯·康帕内拉著《太阳城,诗体哲学共和国的理想》。乌得勒支1643年版。后面这两个版本(其中的乌得勒支版本是第二版即巴黎版的翻版本)和第一版出入相当大,这主要是因为作了许多增补,这些增补大部分是属于原文的最后几页的。至于这几个拉丁文版的原文,那么它的某些地方也和用十一册抄本保存下来的、索尔米在1904年最初发表的第一个意大利文版本有很大的出入。1912年И.И.克瓦恰拉在尤里耶夫(现名塔尔图)发表了意大利原文的梵

蒂冈抄本,并附有维也纳抄本的原文作为对照。奇雅姆波利的意大利文版本是在1911年出版的(1939年再版),而帕拉廷的版本则是1920年在那波利(那不勒斯)出版的。最后,鲍皮奥在1941年出版了带批判性的意大利文版本,其中也刊载了1637年巴黎版的拉丁文原文,而且这个意大利文版本是在卢卡保存下来的抄本的翻印本,据鲍皮奥指出(第193页),它是《太阳城》这个最初原文的最后定稿。

十七世纪出版的拉丁文原文几个版本的标题相互间稍有出入。例如,第一版的内封面上印的是弗·托马斯·康帕内拉著的政治附录:《太阳城,哲学共和国的理想》,而在1623年版的原文第一页上则印着:《太阳城》或《共和国的理想》,诗体的条辩。我们在1643年的第三版中也发现内封面与第一页有所不同:在内封面上是《太阳城,诗体的哲学共和国的理想》,而在第一页上则是《太阳城》或《诗体条辩》。

意大利文原文抄本的标题也是互不相同的,并且与拉丁文的标题也有所不同。两个罗马抄本和一个伦敦抄本中的标题是最详细的标题,它在俄文译本中是:"托马斯·康帕内拉法师的《太阳城》,即关于共和国的对话,其中认为基督教共和国的革新思想是符合于上帝给予圣叶卡德琳娜和圣布利吉塔的诺言的。"

已知道的《太阳城》最初的法文译本有两个,即(1)法国空想社会主义者维里加尔捷耳的译本:《太阳城》或《一个哲学共和国的理想》,系弗·托马斯·康帕内拉著,由维里加尔捷耳从拉丁文译出,巴黎1840年版;(2)罗赛的译本:《托马斯·康帕内拉选集》,卷首有路易兹·科来夫人作的介绍文,巴黎1844年版(《太阳城》,儒略·罗赛先生的新译本……)。维里加尔捷耳的译本再版了不止一次。

《太阳城》最著名的意大利文译本是,1836 年版的托马斯·康帕内拉所著的《太阳城》,由陆加诺译自拉丁文,1836 年和 1854 年译本。

《太阳城》的英文译本是享有盛名的。霍利台所译的这个译本最初是 1885 年在莫尔立(Morley)的“通俗丛书”中发表的:理想共和国;普卢塔克的《莱喀古士》,莫尔的《乌托邦》,培根的《新大西岛》,康帕内拉的《太阳城》和霍尔的《另一世界及同一世界》,丛书中附有莫尔立的一篇序文,伦敦 1885 年版。霍利台的译本重版了许多次。

已知道的德文译本是维塞里的译本:《太阳城》,伊格纳茨·艾曼努尔·维塞里博士翻译,并附有传略和重要注释,1900 年版。

1934 年出版了 M. 雷桑涅克译的《太阳城》捷克文译本:《太阳国》,托马斯·康帕内拉著,M. 雷桑涅克译,布拉格 1934 年版。

《太阳城》俄文译本是 A. Г. 庚克尔在 1907 年翻译出版的,名为《太阳国》,译自拉丁文,附有作者传略、注释和附录,圣彼得堡 1907 年版。庚克尔的译本再版过不止一次。

在《太阳城》的版本,即第三版的译本中,像在以前的各版中一样,我们所译的译文基本上是根据第一版拉丁文译出的,因为以后的印本(1637 年版和 1647 年版)尽管是作者本人写的,而第一版不是他本人而是阿米达发行的,我们还是认为第一版原文虽然其中某些部分令人怀疑,但它仍然比作者后来的修订本更清楚和更精细地表达了康帕内拉的思想。问题在于,在第二版的原文中,以及接着在作者逝世后出版的第三版的原文中列入了一系列增补,这些增补有的意义模糊,有的甚至歪曲了作者的原意,另外,有的还表现出作者同自己的敌人的妥协。

虽然我们的译本是根据拉丁文第一版的原文译出的,但我们还是认为有责任把1643年版本中的增补和异文译出,附在注解里。

至于《太阳城》最初的意大利文原文,那我们认为不能把它当作基本的原文。因为第一,它根本不是康帕内拉出版的,而且也不是他的最后定稿;第二,如果不对这一原文的抄本单独地进行核对,就不可能像我们对拉丁文两种印本所进行的分析那样,来对它进行分析。然而我们始终注意到对意大利文原文的核对,先根据索尔米的版本,然后再根据鲍皮奥的版本来进行核对。意大利文原文不止一次地帮助我们翻译和解释个别地方的拉丁文原文,特别是在最后的版本中的拉丁文单词和语句不按照它们的传统意义翻译,而译成"拉丁语系化的词句"的地方,对我们的帮助更大。关于意大利文原文和拉丁文原文不同之处,我们可以提出下面的这一点作为例子:只是在意大利文原文中才指出,玩纸牌在"太阳城"中是遭到禁止的。

至于拉丁文原文中的异文,那我们只是删去其中那些印错的字或同义字的代替词(因为在译文中无法表达得更清楚),更不用谈两个拉丁文版本语句中字眼的不关重要的移置,以及标点符号的不同了[①]。在其他场合下,我们仔细地注意在注解中指出拉丁

① 属于这些异文的有这样一些不同的说法:那个(eam—那个 illam);(在陆地和海洋上)(in terra ac mari)——(在海洋和陆地上)(in mari ac terra);等;显然印错的字眼:(最好的虏获物)(optima spolia)代替(肥硕的虏获物)(opima spolia);(部分)(partes)代替(父老)(patres);(图画)(picturio)代替(形象)(figuris)等等。

文各版之间的一切差异。

我们翻译时绝对没有尽力使译文现代化，但也没有采用古体，只是在少数的场合下，主要的是在翻译法律公式和宗教仪式的场合下才例外。

《太阳城》的译者必然会碰到许多困难，主要的困难是如何把康帕内拉惯用的关于天文学和星相术方面的论断翻译出来而使读者容易了解。在这种场合下，通常采用的方法是借口原文"根本令人不懂"（例如，在1844年的法文译本中所做的那样）而在译文中把这类原文完全删去；有的甚至对这种删节不作任何说明（例如，甚至在索尔米版本以前出版的最完整的旧的意大利文译本中，在职位的名称方面也有删节）。我们在我们所知道的《太阳城》的拉丁文的一切译本中——意大利文译本，法文译本，德文译本，A. F. 庚克尔的俄文译本，都发现了这类的删节。应当说明，庚克尔的俄文译本还具有其他一些重大的缺点，主要是在对拉丁文原文的了解（说得更恰当些，是不了解）方面的缺点。M. 雷桑涅克仔细而极认真地译出的《太阳城》捷克文译本（布拉格1934年版）是一个难得的例外。不把原文中某些地方翻译出来，固然会使得读者感到遗憾，但这是因为《太阳城》的拉丁文原文在许多场合下或者是非常难懂的，或者是非专家的读者根本不能了解的，所以只好这样做。此外，《太阳城》原文的最初几个重要版本（特别是1623年版）是一些珍本。我们把两种印本的拉丁文原文都全部译出，虽然在某些地方很难翻译。然而应该承认，在描述利用"马镫滑轮"驾驭马匹的装置方面我们对原文的细节迄今还不了解，据我们看来，鲍皮奥对这些细节也是不清楚的（参阅《太阳城》鲍皮奥版本第82页

第5—11行的注释)。

由此可见,本版的《太阳城》译本不仅在把两个版本的拉丁文译成俄文的译本中是最完整的译本,而且在译成任何欧洲语言的一般译本中也是最完整的译本。但我们认为还是应该指出,1934年出版的M.雷桑涅克的捷克文译本也是没有删节和省略的[①]。

本版,即第三版,曾对译文的原文以及论文和注解都重新作了修订。

我们在本版《太阳城》的附录中译出了康帕内拉的七首十四行诗和康帕内拉《论最好的国家》一文中的两篇。

康帕内拉的诗集出版过不止一次。第一版十四行诗选集是1622年问世的。本版《太阳城》附录中刊载的十四行诗俄译文是按照1913年版译出的。

《论最好的国家》一文是1637年康帕内拉在世时第一次而且也是最后一次出版的,收在康帕内拉全集的第二卷里:多明我会会士托马斯·康帕内拉著:《辩论集》四辑,其中《实在哲学》部分四卷,见本人著作集第二集,巴黎1637年版。

① 参阅:B.雷巴(Bohumil Ryba):讲解康帕内拉的《太阳国》一书(语文报……年刊75,254—265,布拉格1951年)。B.雷巴教授的这篇文章中有许多宝贵的指示,我们在重新出版《太阳城》的译本时曾加以利用。

Ⅲ. 注解

[1] 谈话是在一位外来的热那亚的航海家和寺院的朝圣香客招待所管理员之间进行的。与这位热那亚的航海家谈话的人的名称未必会是"一位荣膺朝圣香客接待团勋章的大官"(像 A. Л. 萨凯季所认为的那样),因为这样一位重要人物未必会同一位普通的航海家进行交谈。在 H. 鲍皮奥出版的意大利文的《太阳城》中,干脆就把这位交谈者叫做 Ospitalario(好客者)。鲍皮奥认为他是"耶路撒冷·圣约翰朝圣香客接待团勋章的获得者",但对于这种解释没有举出任何证据。我们认为把 Hospitalarius 一词译成我们(指苏联人——译者注)的术语"Гостинник"(朝圣香客招待所管理员)是合理的(正文中简称"管理员"——译者注)。

[2] 塔普罗班纳——印度洋上某一岛屿的古代名称,很可能是斯里兰卡(虽然苏门答腊岛有时也是这样称呼的)。斯里兰卡的地理位置与原文中所指的不符,因为斯里兰卡并不在赤道上,而是在赤道与北回归线之间。但是在康帕内拉显然看到过的古代的地图上,赤道是通过塔普罗班纳的。这个岛在地理家斯特累波(公元前 66 年——公元 24 年)、普里尼(公元 23—79 年)及其他古代作家的著作中就已提到过。在莫尔的《乌托邦》中也提到过它。

[3] 七大行星(按照托勒玫的体系)是太阳、月亮、水星、金星、火星、木星和土星。

[4] 从北门进去——这种吊门的构造,与康帕内拉时代平常的要塞门相似。在克里米亚半岛苏达克的热那亚要塞的废墟中还保存下这种大门的遗迹。

[5] 神殿的拱顶壁上绘着在赤道上所看到的天空。南北两极应当在拱顶(或圆顶)下部的相反点上,而赤道和黄道("大圆圈")则通过拱顶的中心。"小圆圈"是一昼夜的纬圈。因此这一切圆圈(或半圆圈)"对地平线是垂直的",或者对主要拱顶的平面是垂直的。神殿的构造,正如全城的构造一样,很像康帕内拉所想象的一幅整个太阳系示意图。祭坛的"地球仪"和象征七大行星的七盏神灯,着重指出了这种"天文学的"构造。在 1643 年版本中描

写神殿时在页边增加了附注:“莫伊塞仿效宇宙的样子,也用同样方式描述了神殿和它的神灯。”

[6] 风……他们能发现三十六种——康帕内拉把风向(“方向点”)的通常的三十二种提高到三十六种,因为它是“六”的倍数,康帕内拉认为这是有神秘意义的。

[7] 最高统治者……用他们的语言来说叫做太阳——在《太阳城》初版中,他就是叫做“太阳”。在随后的版本中,康帕内拉继续把他叫做“Sol”,或者用太阳的天文学符号——☉来表示。在1637年和1647年的版本中,最高统治者被称为HOH(“霍赫”),但是后来用☉或干脆用○来表示。我们按照第一版的原文,没有采用HOH这一符号,在意大利文版本中也没有这个符号。

[8] 篷、信和摩尔(Pon,Sin,Mor)——这些领导人的符号取自三个意大利字(Possanza,Sapienza,Amore)的相应字母,这三个字的意义是威力、智慧和爱,按照康帕内拉的学说,这也就是反映任何生活的三个良好定义,它们一起完善地结合在最高人物的身上,而在太阳城中则结合在它的最高的统治者太阳(形而上学家)的身上。

[9] 在1643年版本的负责人员中间,还提到算术家,并以生理学家来代替物理学家。

[10] 毕达哥拉斯派——古希腊思想家毕达哥拉斯的信徒。根据自己以数为基础的关于世界的学说,毕达哥拉斯派制定了复杂的仪式制度。康帕内拉谈到太阳城居民时所指的就是这种仪式。

[11] 星——在1643年版本中还补充有:“并注明其中每颗星的大小、力量和运动。”

[12] 雪、雹、雷电以及天空的各种现象——1643年版本中在这些词之后增加下面的一句话:“他们还掌握了在房间里复制一切大气现象,即风、雨、风暴、虹等等的艺术。”

[13] 主教鱼、链条鱼等等——这些神奇鱼之一的“主教”鱼,在《自然和鱼的种类》(皮埃·巴龙·杜芒著,巴黎1555年版)一书中描写得很详细。该书第32页左边写道:“在勃拉班特的编年史中讲到一条有鳞片的鱼,它像主教一样,头戴法冠,具有主教的特征。这条鱼是该国国王在1531年捕获……

和运来的。”在这本书里所描述的其他许多“鱼”中还有一些海星鱼。

[14] 凤凰——与埃及人崇拜太阳有关的一种神话中的鸟。它被描绘成为一只披着红色和金黄色羽毛的鹰。根据最普遍的传说，这种凤凰每隔五百年自焚一次，并又从灰烬中再生。在许多古代作者的著作中都有关于这种凤凰的传说，例如塔西佗的《编年史》(VI，28)就有关于它的传说。

[15] 在1637年和1643年的版本中，在梭伦之后增加了“哈伦德和弗伦涅依”。

摩西——传说中古犹太的预言者和立法者。

奥西里斯——古埃及的太阳神。

丘比特和莫考莱——罗马的两个神。

李库尔赫——半神话式的斯巴达的立法者。

庞皮利——半神话般的罗马皇帝。努马·庞皮利被认为是古罗马的宗教法和民法的创造者。

札莫尔克西——据传说，他是毕达哥拉斯的门生，曾在毕达哥拉斯派内部实行了政治改革。

梭伦(约公元前640—前559年)——雅典的立法者。

哈伦德——古西西里的立法者，他订的法律以特别严厉著称。他是公元前七世纪的人。

弗仑涅依——传说中的伯罗奔尼撒的统治者，据传说，他第一个在埃哥斯奠定了文化的基础，在那里颁布了最初的法律。在柏拉图的对话《蒂迈雅》中曾提到了他。

[16] 排字印刷术中国人从1041年起就知道了，而在这以前的几世纪他们已经会用石板(从二世纪起)和木板(六世纪)印刷了。中国人在105年发明了用破布造纸。至于大炮，在中国使用它也比欧洲早些，但是大概不会早于八世纪。

[17] 是共和政体、君主政体，还是贵族政体——与热那亚航海家交谈的对方是从亚里士多德所规定的“正规的”国家组织形式出发的。(亚里士多德:《政治学》，C. A. 热别列夫的俄译本，莫斯科1911年版，第111页。)热那亚人不直接回答招待所管理员的问题，而开始描述太阳城的国家制度，从而指出这种制度是和亚里士多德的任何定义都不适合的。

[18] 也不大热爱自己的亲人——1643 年版本在这后面增加:“他们在使徒们的时代是如此,现在他们大多数也是如此”——这显然是对“僧侣和修道士”的让步,因为它和前面的论调不相符。

[19] 奥古斯丁(公元 354—430 年)——天主教会的权威之一。

[20] 四位领导他们的有学问的老人——在随后的各版本中增加:“最受人尊敬的。”

[21] 统治者还必须是哲学家、历史学家、政治家和物理学家——在 1643 年版本中增加:“对于其他两位共同统治者也是同样的情况。”

[22] 木匠和铁匠……的工作——1643 年版本中删去了“铁匠”一词。

[23] 白羊宫、巨蟹宫、天秤宫、摩羯宫的标志——即三月初、六月初、九月初和十二月初,相当于一年四季。这里指的正是黄道十二宫的标志,而不是同名的星座(比较下面的注[26])。

[24] 天神——在 1643 年版本中只是“神”。

[25] 关于妇女在怀孕时所看到的形象决定着后代外貌的这种说法,是在远古时代就有的。圣经中说,雅各把一些在树皮上刻成许多长条的细树枝放在牲口的面前,使生下来的牲口身上有小花点和斑点。康帕内拉也建议采用这种方法来产生人的和动物的优良后代(参阅下面的“论畜牧业”部分)。

[26] 性交的时刻要由星相家和医生……来决定——康帕内拉作为一个星相术的信徒和行家,坚决相信怀孕的时刻应当精确地符合于天空中行星和恒星的位置,因为按照星相家的学说,这样可以决定未来婴孩的体质、智力和道德品质。康帕内拉在描述天空中星球在怀孕时的位置时所指的究竟是什么,要对此有一个概念,就必须记住下面几点:(1)一切“行星”(即太阳、月亮、土星、木星、火星、金星和水星)在星相术中分为吉星和凶星;太阳、木星、金星和月亮属于吉星,火星和土星属于凶星。水星被认为是一个反复无常的行星,没有经常的特性。(2)对星相家来说,重要的不仅仅是个别行星,而且是它们在黄道十二宫及相互间的相对的位置。金星和水星在太阳以东的吉室中,这指的是,它们在这一时刻是“傍晚的行星”,因为在太阳落山后黄昏时就能看见它们。吉室中——“室”是假想的不动的天体轨道,即天圈(它的一半躲藏在地平线之下)的分区,黄道带连同自己的星宿或标志和行星就是沿着天圈运行的。

一共有十二个“室”，即：(1)生命室，它接近天圈在东方与地平线的交点；(2)利润室；(3)兄弟与友谊室；(4)双亲室；(5)儿女室；(6)恶德室；(7)婚姻室；(8)死亡与遗产室；(9)宗教与旅行室；(10)荣誉室；(11)功勋室；(12)仇恨与奴役室。木星处于良好的方位。整个黄道圈分为十二个标志(白羊宫♈，金牛宫♉，双子宫♊，巨蟹宫♋，狮子宫♌，室女宫♍，天秤宫♎，天蝎宫♏，人马宫♐，摩羯宫♑，宝瓶宫♒，双鱼宫♓)；从这十二个点中的每一点出发，都可以在黄道圈中画上一个等边的三角形、四角形(正方形)和六角形，并且从任何一点都可以标上黄道圈的直径；我们用这种方法就可以获得黄道圈某些点对其他各点所处的方位，例如，拿狮子宫的标志♌作为出发点，我们就看到它同宝瓶宫♒处在相反的(直径的)方位，同金牛宫♉和天蝎宫♏处在正方形的方位，同白羊宫♈和人马宫♐处在三角形的方位，同双子宫♊和天秤宫♎处在六角形的方位。狮子宫同其他标志并没有处在任何方位上。

各个行星处在黄道圈各个标志中时，也可以同样相互地处在一定的方位上。这些方位分为吉祥的(好的)和不吉祥的(坏的)；“三角形的”和“六角形的”方位是吉祥的，“正方形的”和“直径的”方位是不吉祥的。

由此可见，如果木星处在狮子宫的标志中，那么要使金星和水星在良好的方位上，它们所处的标志就必须或者是白羊宫，或者是人马宫，或者是天秤宫和双子宫。土星和火星这两颗“凶”星在这一时刻也应当处在这种方位之一，或者处在“方位”之外，也就是说，例如处在室女宫和巨蟹宫中——经常成为阿费塔的太阳和月亮。托勒玫和一切后来的星相家把生命想象为一种运动，并且依赖生命的最初推动因素或“发动力”(希腊语叫做 Aphesis)。生命对最初的(偶然的)推动因素的这种依赖性指出了托勒玫和他的追随者在生物学方面所持的机械论者的观点。在这个发动得像用弓放矢般的生命运动中，起最重要作用的是这样一个行星：它在这一时刻是“占着优势的”和所谓使生命“发动起来的”阿费塔(这是希腊的术语，原文是 aphetes)，而且它应当处在天圈的一个阿费塔位置(topoi aphetikoi，这种位置共计有五个)。能成为阿费塔的不是太阳就是月亮，其他行星只有当太阳和月亮在这一时刻都没有处在任何“阿费塔位置”时才有可能成为阿费塔。

星占表中的室女座——是指室女座或室女宫在星占表中的地点，即在地平线的东部边缘。使角落里不出现凶星——显然指的是天圈的几个基本的据

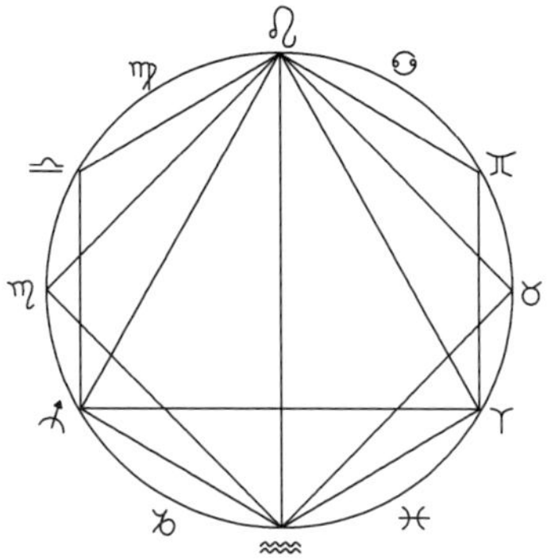

点:"升",或星占表,上据点,或"上正中",和"落"——天圈与地平线的接触点。他们竭力追求的不仅是同行……这里的"同行"是星相术的术语,应用于相互间距离很近的、这一时刻在同一方向中运行的行星。

[27] 1623年的第一版中的页边上只注有:"关于根绝嫉妒心……。"

[28] 圣托马斯——托马斯·阿奎那(1225—1274年),中世纪天主教神学和经院哲学的最重要的代表人物。

[29] 参见柏拉图:《蒂迈雅》(P. 18D)和《理想国》第五册(P. 460B)。

[30] 康帕内拉在这里引用的数字资料是十分令人怀疑的。克罗彻在《康帕内拉的共产主义》一文(在《历史唯物主义与马克思主义经济学》文集中,П. 舒嘉柯夫译,彼得堡1902年版)中所提供的数字要大得多。据他估计,十七世纪那波利的居民约为二十五万人,其中有五万多人居住在自有的房屋内。

[31] 公职、艺术工作、劳动和工作——在1643年版本中没有"艺术和劳动"这两个字。

[32] 只是不准许玩骨牌……——在索尔米所发表的意大利文版本中,在被禁止的赌博中还提到了玩纸牌。

[33] 过分颂扬耶稣派出传教的使徒——康帕内拉指的是《使徒行传》(第四章等)中所描述的基督教公社及其"消费性共产主义"的特点。把早期基督教公社理想化,看作完美的共产主义公社,这不仅是康帕内拉的特征,而且也是后来直到十八世纪为止的空想社会主义者的特征。

[34] 罗马的圣克里门特——罗马教会最初的主教之一。据说他写了许

多作品，但是有据可考的只有公元 92—101 年间所写的所谓《圣克里门特致科林斯人的第一封信》。

[35]《注释》——注解。康帕内拉是指一部对格拉齐昂作品的注释书。

[36] 德尔图良(约 160—222 年)——基督教的神学者。他的著作中有关于初期基督教公社生活的有意义的报道。

[37] 在"可是我认为他们的这种做法也许是错误的"这些字旁边，在 1643 年版本的页边还有以下的注解："此外请参阅为反对斯考特而写的《论救世主君主国》一书中的第四个问题。斯考特认为公妻制是一种邪说，而按照圣托马斯和奥古斯丁的学说以及康士坦丁宗教会议的决议，又恰恰与此相反，可见斯考特对他们了解得不够。还请参看《反马基雅弗利主义》，这本书里也分析了这个问题。"在 1623 年版本中这一注解用另一种说法，并且说得比较简短。

[38] 迦图(公元前 95—前 46 年)——罗马的国务活动家。迦图的意见康帕内拉是从普卢塔赫的传记中获悉的。

[39] 尼古拉派的异教——最初的基督教异教之一，有关它的报道非常少，而且是不足信的。它同最初七位助祭之一的尼古拉的名字联系在一起；人们后来把公妻的圣训和不道德的行为归咎于它。

[40] 凯耶塔(加艾丹诺)(1480—1547 年)——意大利的神学者，曾对托马斯·阿奎那的著作作过注释。

[41] 训练男孩使用武器——在 1643 年版本中是"给男孩们上课"。

[42] 亚马孙女人——传说中的由英勇的女骑士组成的部落。在后面康帕内拉又提到"新亚马孙人"，这显然是指曾在非洲存在过的女骑士队。

[43] 婆罗门——或婆罗门教是产生于佛教之前的印度教徒的宗教。按照婆罗门教的教义，婆罗门吸摩(又名梵天)是最高的神，世上万物都是从他那里生出来，又回到他那里去；灵魂转生的教义就是以此为根据的。这种宗教的祭司组成最高的阶层，或婆罗门种姓。

[44] 耶稣·纳文——据圣经中说，他在摩西死后做了犹太人的领袖。

马卡比——犹太王朝的名称，它统治了犹太约一百年(到公元前 37 年)。马卡比领导了反对叙利亚统治者的起义，把犹太从他们的羁绊下解放出来。

西庇阿——同族的几个罗马统帅之一的名字。康帕内拉指的是哪一位，很难确定。

[45] 称为大炮的投射武器……——在 1643 年版本中没有“军需品和食品……来运输”。

[46] 草冠——分发草冠是康帕内拉取自古罗马的习俗。最光荣的是获得用柞树叶编成的草冠。把从敌人首领身上剥下来的盔甲送去上供,也是取自罗马的习俗。

[47] 携带重武器的骑兵——在 1643 年版本中是:“携带轻武器的战士。”

[48] 像阿溪里打基克恩那样——按照希腊神话,基克恩(Кикн)是波赛东(海神)之子,刀枪不入;在特洛伊战争中他被阿溪里所杀,阿溪里把他打落在地上,用头盔上的皮带勒死了他(奥维得:《变形记》,第十二册,第 64—145 页)。

[49] 这里,关于驾驭马匹的窍门描述得不清楚。

[50] 但决斗却不允许。1637 年和 1643 年的版本中在这些字之后增加:“因为这样会损害法庭的尊严,而且如果正义在失败的一方,决斗往往还会导致不公平现象的产生。”往下就像 1623 年版本中一样。康帕内拉不允许决斗乃是新的法制的特征,它代替了“骑士的”法规。但是“骑士的”法规在康帕内拉时代还充分有效。

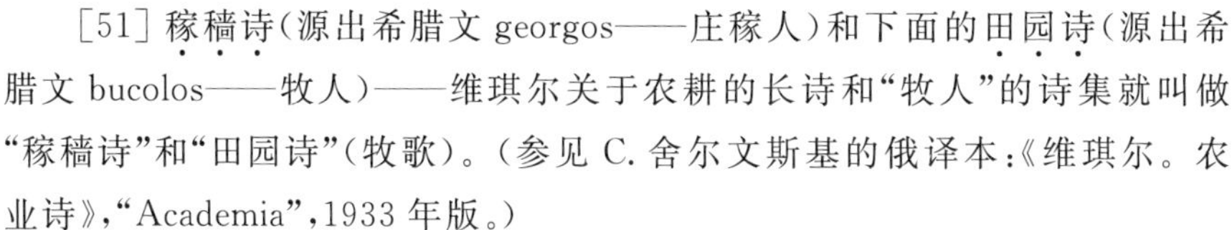

[51] 稼穑诗(源出希腊文 georgos——庄稼人)和下面的田园诗(源出希腊文 bucolos——牧人)——维琪尔关于农耕的长诗和“牧人”的诗集就叫做“稼穑诗”和“田园诗”(牧歌)。(参见 C. 舍尔文斯基的俄译本:《维琪尔。农业诗》,“Academia”,1933 年版。)

[52] 亚伯拉罕——圣经中的族长,据传说是犹太民族的始祖。

[53] 人马座处在星占表中……——见注[26]。

[54] 昴星团——金牛座中的一小群星。

[55] 更值得称赞和更适当的生活——在这些字之后 1643 年的版本中增加:“他们赞美基督教的规定,并满怀希望地期待自己和我们都能过使徒们的生活。”

[56] 交趾支那——印度支那的一个省(现为越南南部)。

卡利卡特——印度半岛马拉巴区的主要城市,1498 年瓦斯哥·达·伽马曾在此登陆。

[57] 当他们建立自己的城市时——(见注[26])康帕内拉在自己的《星相术》(1630 年版,第六册,第四章,第四节)中谈到城市的建立时指出,在任何时候都可以建立城市,但仍然要遵守一定的星相术规则——四个固定的标志。黄道中四个固定的标志是金牛宫、狮子宫、人马宫和宝瓶宫,也就是在出现这些标志后,一年四季就开始了。它们之所以叫做"四个固定的标志",是因为在太阳进入它们那里时,一年四季中的每个季节就牢固地确定了。福尔图娜跟大陵王——福尔图娜指的是星占表中的特殊的一点,这一点在星相术中是由太阳和月亮所处的位置决定的。大陵王(阿拉伯文是"魔王")是英仙座中的一颗美妙的经常变化的星。拱点——某一行星在自己的轨道离地球最近或最远的两个极点(以地球不动计)叫做拱点(Λσсида)。前者叫做近地点,后者叫做远地点,而把这二者联结起来的直线叫做拱点线。水星令人高兴(拉丁文——Jovialis)——即具有木星这一"吉"星的性能。

[58] 在"就像前面已经说过的那样"这些字之后,1643 年版本中增加:"因为它们说明上帝规定了事物发生的原因,贤者应当利用,而不应当滥用这些原因。"这一增订是为了使星相术的结论变得温和些。

[59] 太阳城人民的疾病——疾病和它的起因以及治疗方法,主要是根据古代医生——希波革拉第、泽尔斯和格林——的学说来描述的。

[60] 由于经常锻炼身体——在 1643 年版本中是:"由于节制生活和锻炼身体。"

[61] 羊痫病——癫痫病,在古代认为是一种最高天赋的精神征候,因此叫做"圣病"。

[62] 斯考特——邓斯·斯考特(1265—1308 年),著名的神学者—经院哲学家。

[63] 卡利马赫——公元前三世纪亚历山大的学者和诗人。

[64] 总裁判——显然是组织军事训练或组织所谓"对打"的特种领导人。领导斗士的职务也属于这类职务。

[65] 以眼还眼——这是康帕内拉取自旧约的律法。

[66] 护从——古罗马的仆从,他们带着一束中间插有一把斧子的去叶的树枝,作为他们所伴随的负责人员的权力的标志。这里显然指的是刽子手的助手。

[67]“然后,由全体人民来做自己的忏悔”这几个字在1643年版本中是没有的。

[68] 星盘——用来测定天空中星球位置的测角仪器。

[69] 世界的四个转变点——一年四季从而开始的巨蟹座、天秤座、摩羯座和白羊座的标志(它们在康帕内拉的星相术中叫做 Signa mobilia):巨蟹座标志着夏至,天秤座——秋分,摩羯座——冬至,白羊座——春分。

[70] 就像亚伦的法衣那样——1637年和1643年的版本中在这后面增加:“它们反映出自然界,精美无比。”

[71] 他们计算时间是按照回归年,而不是按照恒星年进行的——回归年是太阳前后两次通过春分点的间隔时间;恒星年是太阳围绕一圈、即太阳回到天空中同一地点来的时间。由于所谓“岁差”或分点岁差,即春分点逐渐向后退的运动,回归年比恒星年稍微短些(“占先”于恒星年)。

[72] 在交角上——显然是指黄道(太阳周年运动的大圈)与赤道交角的逐渐改变。

[73] 天龙座的头部——月球升交点和降交点,即月球与黄道的交会处,叫做天龙座的头部和尾巴。康帕内拉指的是月球平面情况的改变,在这种情况下这些“交点”始终沿着黄道向西移动,大约十九年走满一圈。

[74] 他们颂扬托勒玫……——康帕内拉虽然为伽利略辩护,然而不懂得哥白尼和伽利略两人学说的实质。他在《太阳城》中企图建立他自己的天文学体系,根据自己的物理学、星相术和宗教哲学等观点叙述这一体系的内容。地心体系(托勒玫的)正确呢还是日心体系(哥白尼的)正确,康帕内拉对于这一问题的看法是犹豫不定的,这在他的论述的末尾中就可以看出(“虽然如此,但是他们没有把握……太阳是不是中心……”)。

[75] 亚里斯达克(公元前三世纪)——希腊天文学家。他教导说,地球围绕自己的轴心和围绕太阳旋转。

斐洛莱(公元前五世纪)——毕达哥拉斯的学生。关于地球球形的学说,据说是他创造的,人们认为他是日心体系的拥护者。但是斐洛莱的作品流传到现在的只有很少的片断,根据这些片断是不能对他的体系作判断的。日心学说也有人说是毕达哥拉斯本人创立的(哥白尼的理论在1616年教皇的禁令中被称为“毕达哥拉斯的伪学说”),然而这是一种误会。毕达哥拉斯的体系是地心体系。

[76] 耶稣·基督……的预言——指的是关于那些能预报“世界末日”何时来临的征兆的预言。

[77] “正像在其他许多地方一样”——这几个字只是在1623年版本中才有。

[78] 他们痛恨亚里士多德——按照亚里士多德的学说，世界不是创造的，不是产生的，而是向来就存在的。这种学说既与基督教的世界观相抵触，又与星相术的世界观相抵触。

[79] 根据一些反常的现象——因为行星偏离等速的循环运动。

[80] 托勒玫和哥白尼的偏心轮和本轮——按照托勒玫的理论，各行星有二重运动：它们在某个中心附近沿着小圈或“本轮”运动。而这个中心同时也在地球附近沿着大圈运动。这两种运动的结合就形成天空中由一些活结组成的可见的行星道路。希腊天文学家希巴尔奇（公元前二世纪）还在托勒玫之前，在观察太阳和月亮的运动时就查明这些运动不是均匀的。为了说明这种不均匀性，他推测这些星球的循环运动的中心与地球的中心不相符，而是沿着偏心圈移动，或者像康帕内拉所说，沿着“偏心轮”移动。地球的中心与这些轨道的中心之间的距离与这些轨道的半径的比例，叫做轨道的偏心率。哥白尼的车轮与托勒玫所说的意义不同：本轮用于说明行星在真正运动中的那样一些不正确性，这些不正确性是不可能用轨道的反常性来解释的。一个天，这是反对托勒玫及其他一些古代天文学家关于某些天或天空的学说的。

康帕内拉接着描述各个行星在天空中可见的运动，并提出他本人对这些运动的解释，说行星时而前进，时而逆行，时而停住。这些可见的运动之所以复杂，是因为它们的确是与地球围绕太阳的运动配合的。康帕内拉与其说是用天文学的解释，倒不如说是用星相术——物理学的解释，来说明自己的说法是有根据的。在他的理论中很有意思的是，他不同意那些与他同时代的天文学家的看法，而认为行星的“逆行”不是实在的，而是似是而非的。

[81] 合、方照、冲——行星对地球和对太阳的各种不同位置：合——行星在太阳前面或后面的位置（对月亮来说，这是朔）；方照——某一行星在从地球到该行星和从地球到太阳的这两条直线形成直角时的位置（对月亮来

说,这是上弦和下弦);冲——行星在与太阳相反的一点上的位置(对月亮来说,这是望)。

[82] 第一个天——这里指的是恒星的天。虽然康帕内拉也说,太阳城的人民确信只有一个天,但他在这里却保留了托勒玫的术语。一昼夜间,月亮在天空中向东移动十三度。

[83] 漫游的星球(Sidera errantia)——希腊术语“行星”的译法。

[84] 拱点——见注[57]。

[85] 太阳在北方比在南方停留得长久,因为太阳的运动是不均匀的,北半球的春夏两季约长达 186 天,而南半球的春夏两季(相当于秋冬两季)只有 170 天。

[86] 迦勒底人——古代居住在巴比伦西南部的民族。迦勒底人和埃及人一样,因拥有许多出色的天文学家和星相家而出名。

[87] 太阳是不是下宇宙的中心……——在这些及随后的字句里简短地表达了康帕内拉对托勒玫体系的各种怀疑,但是他没有下决心直接予以批驳。“某些卫星是不是围绕着其他的行星旋转”这些字暗示着伽利略发明了木星的几颗卫星。因为这一发现是在 1610 年公布的,所以,在 1602 年左右所写的《太阳城》的最初原文中,当然就不会提到行星的卫星。康帕内拉在自己的《星相术》(1630 年)中也谈到达一发现(但没有把伽利略的名字说出来),不仅提到用望远镜发现的木星的四颗卫星,还提到土星的两颗卫星,实际上是把土星圈的一部分当作这两颗卫星了。太阳是不是围绕着地球旋转,或者地球是不是围绕着太阳旋转,这对于康帕内拉的星相术的看法是绝对无关的(正像他自己所说的那样),因为对于他的结论起重要作用的,仅仅是一种看得见的或感觉得到的运动,而不是那种实际发生的运动。

[88] 1643 年版本中是在“任何的不存在都是不能并存的”这样一些字后面增加:“但是他们对于物质无穷的说法是不容许的。”

[89] 任何物理形成的必要条件——在 1643 年版本中,以“界线”代替“必要条件”。

[90] 是从前所没有的——1643 年版本中在这后面增加:“再者:最终的存在在形而上学方面是由这两个起点——不存在和存在——组成的。”

[91] 1643 年版本中,在这几个字之后接着是:“也不能离它的本性。”

［92］和柏拉图一样——参阅柏拉图的对话体著作《政治家》(第269页)。柏拉图在他所著的《蒂迈雅》中曾详细地描述过他的天体演化学。

［93］拱点的移动——康帕内拉所说的拱点的移动显然指的是行星轨道形式和位置的缓慢的变化，这些变化是哥白尼根据他把当时观察到的资料和托勒玫时代的观察相比较而发现的。在公元1000年，许多人根据各种星相术的看法和预言，预料世界的末日将会来临。康帕内拉本人所预料的，如果不是世界末日，那么至少也是1600年的某种伟大的世界变革，这也就是促使他把他在喀拉布亚领导的起义预定在这个“劫运难逃的”年份前夕举行的动机之一。

［94］大合指的是行星的合。

［95］己所不欲……——指的是新约中的话(马太福音，第7章第12节，路加福音，第6章第31节)。

［96］这一百年来所出版的书籍，比五千年来所出版的还多——按照国际图书学研究所的统计，1436年至1500年印30,724种；1500年至1600年印285,824种；1600年至1700年印972,300种。

［97］在巨蟹座的三角形中的大合——“合”——表示各行星在一定的黄道宫中会合的天文学术语。“巨蟹座三角形”即巨蟹座、天蝎座和双鱼座的标志所形成的三角形，这些标志相互间处在“三角形”的方位(见注［26］)。

［98］仙后座中的一颗新星——1572年秋天，这颗新星突然在仙后星座中发光，非常灿烂，甚至白天也看得见，1574年就看不见了。蒂霍·勃拉盖曾描述过这颗星。

［99］望远镜和助听器——望远镜大约是在1608年发明的。与此同时，康帕内拉预言助听器也将发明，人们借助于这种助听器将会听到天空的和声，或天体运动的音乐，按照古人的学说，这种和声或音乐仿佛是由于天体互相摩擦而发生的(参阅西塞罗:《西庇阿之梦》等)。

康帕内拉在这里完全忘记了:太阳城的人民曾否定关于天体的学说，只承认一个天(见注［70］*)。

［100］巨蟹座是月亮和金星的阴性标志——根据星相家的学说，黄道带的

* 这里与注［70］无关，可能是注［80］之误。——译者注

标志像行星一样,是按照各种征兆来划分的:它们分为“阳的”和“阴的”,分为“水的”或(“湿的”)、“空中的”、“火的”等等。

在后来的各种版本中,在“既然它是水的标志”之后接下去的是(原文根据1643年的版本):

并且星辰怎样能知道和能做到这一点呢?一切都是在上帝规定的期间如期完成的。他们太热衷于星相术了!

航　海　家

下面就是他们给我的答复:上帝主宰着事物发生的直接和普遍的原因,但不是就局部原因的直接性来说,而是就普遍的起点和力量来说;因为吃东西的不是上帝,而是彼得,正像撒尿和偷窃的不是上帝一样,虽然他提供了吃东西、撒尿和取物的可能性和能力,这是直接的原因,在它之前是没有任何其他原因的,而且对它来说,任何其他原因都是比较局部的原因,而局部原因会使上帝的无止境的作用发生改变。

管　理　员

啊,我们的经院哲学家们,特别是圣托马斯在反对伊斯兰教哲学家们的作品中谈到同一问题时说得好极啦;伊斯兰教哲学家们硬说,前一种原因的作用在直接接触方面比后一种原因的作用更加直接,他们教导说,普遍的原因直接起作用的是在起因方面,而不是在接触方面,如像局部原因起作用那样。请继续讲吧。

航　海　家

总之,他们说,上帝为未来的一切行动创造了普遍的和局部的原因,而且,当前者不起作用时,后者也不能起作用。例如,假如太阳不晒热植物的话,它就不会开花。时间的变换取决于普遍的原因,即取决于天上的原因;因此,我们的一切行动只有在上天起作用的条件下才可能实现。但是自由的原因既可以利用时间来对待自己本身,有时又可以利用时间来对待其他事物。因为人也可以借助于火来使树木开花,在没有太阳时可以点灯来照亮屋子。而自然的原因就不得不取决于时间。由此可见,无论一件事发生在白天,另一件事发生在黑夜，一件事发生在冬天，另一件事发生在夏天、春天或秋天，无论一件事发生在这一世纪，另一件事又发生在那一世纪，都是既由于自由的原因，又由于自然的原因而发生的。正如夜来临时自由的原因既不会迫使人们去睡觉，早晨来临时也不会迫使人们起床，而是按照人们符合自己的需要行动的，因而是为了自己的利益来利用时间的变换。同样地，任何现象在巨蟹座中大合时既不会迫使它发明前膛火枪或印刷术，在它们在白羊座中时也不会迫使它建立君主国。对于其他的现象，例如九月播种、三月修剪树枝，等等，也是这样。因此，他们不会相信英明的基督教最高主教会禁止星相术，只会禁止某些人所搞的星相术，即滥用星相术来预告以自由意志为转移的行动和超自然的事件。因为星辰对于超自然的现象只作为预兆，对于自然现象只作为普遍原因，而对于意志坚强的行动只作为理由、动机和促使行动的动因。要知道，日出并不一定迫使我们起床，而只是唤醒我们，向我们提供起床的方便条件，就像夜晚只提供不便于起床而便于睡觉的条件一样。这就是说，当它们间接地和偶然地影响自由意志，对身体和它固有的与器官有联系的感觉起作用的时候，心灵就被这一感觉激发成为喜怒哀乐等情绪。但是心灵这时也还会接受或不接受在其中所激发的情绪。由此可见，星辰所指示的邪道也罢，战争也罢，饥饿也罢，它们之所以发生，大部分是因为人们多半受感性的动机所控制，而不是受理智的控制，因此他们所作出的举动就会与理智相反。但是他们在某些时候，例如他们在正义的怒气迸发之下发动正义战争的时候，也会产生有理智的激情。

管　理　员

关于这一点，圣托马斯以及我们的最高主教也说得好极了。他们无论在医学、农业或航海方面，都容许应用星相术，他们同自己的一切经院哲学家一起，甚至对于任意的行为都容许作推测性的预言。但是由于起意不良滥用这种所许可的星相术的情况日益增加，所以他们就加以禁止，虽然不是禁止推测本身，但是禁止某些以推测为基础的预言，这并不是因为它们永远是虚伪的，而是因为它们多半是或者常常是危险的。要知道，一些信赖星相术的国王和人民曾打算建立很多简直是有害的，或者虽然有益但注定要失败的企业，这从阿尔勃克、阿加福克尔、德鲁士、阿尔海莱的例子中就可以看到；最后,我们预料芬兰的某位信赖蒂霍·勃拉盖的预言的公爵也会这样做。而且,有些国王居然相信厚颜无耻的骗子们的这类预言,胆敢在许多方面反对我们的最高主教。

航　海　家

太阳城的人民也有这样说法,他们认为有的是虚伪的,有的是危险的,应当予以禁止,因为它会造成偶像崇拜,取消自由,或瓦解国家制度。相反地,我对你说,太阳城的人民已经发明了一种避免星辰劫运的方法,因为上帝赐给的任何技能不是为了别的,而是为了人们能得到好处。因此,每当日食或月食——不论只是不良的日食或月食(此时善良的行星占优势),或者简直是招致灭亡的日食或月食(在凶险的行星的王位空虚的时期)——快要来到的时候,或者不祥的彗星快要出现的时候,或者阿费塔位置中的方向不祥的时候,他们就把星辰所威胁的即将遭到灾难的那人监禁在一间喷洒香料和玫瑰色的醋的白房间里,燃点七支带香味的蜡烛,弹奏快乐的乐曲,进行愉快的谈话,以便驱散从天上传播下来的天空中的传染病的种子。

管　理　员

不错,他们多么英明地采用了这一切有益的方法啊!要知道,上天所起的是物质的作用,因此也可以用物质的解毒药去对抗它。然而,人们会不同意蜡烛的数目,似乎蜡烛的力量就在于它们的数目,这有点像迷信。

航　海　家

的确,他们所依据的是毕达哥拉斯的关于数的有效特性的学说,但我不知道是否出于迷信,因为他们所根据的并不只是一种数目,而是数目与医疗药剂的结合。

管　理　员

那这就完全不是迷信了:因为任何教规或圣书都没有谴责过数字的力量;相反地,医生们还利用这种力量来适应疾病的潜伏期和转变期。圣书中也谈到,上帝用数字、重量和度量创造了一切,并且七天的创造、七位吹号的天使、七只碗、七次雷响、七支蜡烛、七颗印、七种圣礼、七次圣餐和札哈里亚石上的七只眼睛都证实了数字的神秘特性。这样就产生了如此多的关于数字的哲学议论，特别是关于圣奥古斯丁、圣伊拉里和奥里根关于星期的哲学议论！因此，我不能谴责太阳城的人民，因为他们显然是治疗天降疾病的医生，是意志自由的保卫者。

要知道，他们用自己的七支火炬仿效着上天，正像莫伊塞用自己的七支蜡烛仿效上天一样；而且在罗马，只是把下述的这种情况才认为是迷信：只是把一种在上帝身上具有自己源泉的力量认为是由于数字所造成的，而不是由于计算出来的东西和那种数字对之既不应用又无力量的东西所造成的。还有在行动上极力在毫无关系的地方利用天空现象或青草的那种人，也是迷信的：因为这纯粹是作为上帝的猴子的魔鬼用以仿效作为数的创造者的上帝的一种形式主义。甚至在维琪尔那里，他也因单数而高兴。相反地，有时人们由于无知而把大黄的自然力量认为是引火菌，这并不算是迷信；但是，如果把神的力量或数字认为是引火菌的话，那这就是迷信了。看一看神学吧。现在，请继续谈本题，我们已谈得离题了。

航　海　家

总之，太阳城的人民认为，阴性的标志使妇女统治的地区具有肥力，并给最弱的东西提供大地上的统治权，正如前面所说的，对一些人加以支持、协助和给予利益或不利，而使另一些人失去利益，或使他们有利。

接下去就像在1623年版本中那样："从这里就容易明白……"等等。

[101] 妇女掌权——努比亚是埃及以南的、尼罗河中游的一个国家。蒙诺波塔巴或蒙诺莫塔巴是非洲赞比西河下游的一个黑人国家，存在到十八世纪。土耳其的俄罗斯女人——罗克索兰的苏丹索利曼二世（出色者）（1520—1566年）的爱妻。有的史料说她是俄罗斯人，有的史料说是意大利人。她对苏丹所起的影响极大。波兰的波娜是波兰的女皇，西祺门一世（1506—1548年）之妻。匈牙利的玛利亚是匈牙利的玛利亚女皇（1505—1558年），（美貌的）腓力一世之女，匈牙利国王路易二世（死于1522年）之妻。英国的伊丽莎白是伊丽莎白·都铎（1558—1603年），英国女皇，她在位时英国曾击溃"无敌舰队"，即西班牙国王腓力二世的舰队。法国的喀德琳即著名的喀德琳·麦的奇（1519—

1589年),是法国的皇后,亨利二世之妻,后者逝世后,在自己的儿子们法兰西士二世、查理九世和亨利三世当皇帝时她是一个具有无限权力的法国的统治者。1572年8月24日屠杀法国新教徒("巴托罗缪之夜")就是按照她的命令进行的。托斯坎纳的比扬卡,即比扬卡·卡佩利(死于1587年),是威尼斯一个元老之女,托斯坎纳的法兰西士大公的第二个妻子。比利时的(即荷兰的)马加丽特是巴马的马加丽特(1522—1586年),查理五世的非婚生女儿,是在匈牙利女王玛利亚的宫廷中养大的。1558年腓力二世曾任命她为西班牙驻荷兰的女总督。——苏格兰的玛利亚这大概不是指玛利亚·斯徒亚特(康帕内拉曾写过一本关于她的悲剧),而是指她的母亲玛利亚·介斯(1515—1560年),后者曾对新教徒进行过残酷的迫害。伊萨培拉是卡斯蒂利亚的女王(1450—1504年),西班牙国王斐迪南五世之妻。

[102] 阿里奥斯托(1474—1533年)所著长诗《狂暴的罗兰德》的第一句诗:"我歌颂女人、骑士、战争和爱情。"

[103] "您老人家"的意思。

[104] 1643年版本中,在"许多卑鄙龌龊事情"这几个字之后,接下去的是:"这些卑鄙龌龊的事情是世界的情况促成的,但不是被迫做出来的。"

[105] 木星的高贵地位——"高贵"、"三位一体"是占星术的术语,表示这些行星的"威严",即它们在黄道十二宫中所处各种不同地位的"属性"。太阳的极点,即处在巨蟹座标志中的夏至点。

[106] 在"发明印刷术和枪炮"这些字之后,1643年版本中接下去的是:"这也不是原因,而多半只是按照天意使规律发生重大变化的事件;天意总是善良的,只要我们不曲解它。

在这方面,他们给我讲述了许多令人惊讶的情况,例如关于上天和地面的相互关系,关于思想意识的情况,关于基督教律法在新世界中的传播,关于它在意大利的不可动摇的力量,关于它在德意志北部、英吉利、斯堪的纳维亚和班诺尼亚境内发生的动摇。我不想谈论这些征兆,因为按公正的理由来说,这是我们的绝顶聪明的教皇所禁止的。我不打算谈论关于克塞里夫和索非伊在非洲和波斯进行的宗教改革,那时在我们这里,威克里夫、胡斯和路德曾使宗教发生动摇,而圣芳济修士团的修士和卡普勤僧侣却使它增光;我也不打算谈论,一些星球在天空中这样移动后怎样使某些人获得幸福,而使另

一些人遭受灾难，虽然使徒也提到，邪说中包括肉欲的事情，所以与肉体的激情有关，而肉体的激情又是由火星、土星和金星在使我们的意志绝对听命于它们的情况下引起的。

但我要谈的是，太阳城的人民已经在月亮和水星的影响下以及在太阳的拱点的帮助下发明了飞行的技能和其他各种技能……”。

接着，在“其他各种技能”这几个字之后，原文又和1623年版本相同。

[107] 成为决定性的原因——1623年版本在这些字的旁边有如下的注解：“在神的事情方面，星球们只不过是标志。在人类的事情方面，它们是标志和原因，然而只是起推动作用的原因。至于在自然界的事情方面，它们是标志和原因，或者是起推动作用的原因，有时或者是强制性的原因。因为，按照使徒的说法，邪说是与肉欲有关的事情（因为人们的头脑会产生肉欲的观点而服从于邪说），所以在星球直接对身体和感觉起作用的时候，它们就成为产生邪说的原因，但是否产生邪说，应以受影响的人是否渎神为准。”

“按照使徒的说法，邪说是肉欲的事情”这句话指的是使徒保罗的说法，他在致哥罗西人书中曾谈到这一点（《哥罗西书》，第二章，第十八节）。

[108] 索非伊所恢复的阿里派——阿里是穆罕默德的养子和女婿。他的追随者成立了什叶教派。自1499年起，什叶派伊斯兰教成为波斯的正式宗教。苏甫派是什叶教派中最有势力的一个流派。

[109] 人马座和狮子座的标志——按照托勒玫的学说，地球上的一切国家和地区都处在黄道带一定标志的主宰下：主宰非洲的是巨蟹座，主宰意大利的是狮子座，主宰西班牙的是天蝎座，等等。星相家们把对各国类似的影响也说成是一定的行星所造成的。

[110] 从“在太阳拱点的帮助下”这几个字起，1623年版本和以后各种版本的正文都相同（见注[95] *）。

[111] 创立了新的天文学——我们在这一场合下宁可说它是“星相术”，因为按照星相术的说法，黄道带某些标志在地球北半球的属性和力量，就是

* 这里与注[95]无关，可能是注[93]之误。——译者注

那些正相反的标志在南半球的属性和力量。如果再考虑到,我们的春分点就是南半球的秋分点,等等,那就容易了解这种重新划分的情况。

[112] 太阳室……月亮室——星相家认为,一切行星在黄道带各个标志中都有自己的“室”或住所,当它们在那里时就显示出自己最大的力量。在把黄道带各标志“颠倒过来”时就会发现,例如如果把狮子座的标志认为是太阳室,那么在南半球,太阳室应当是与它相反的标志,即宝瓶座的标志,等等。不应该把这些“室”与天圈的“宫”混淆起来(见注[26])。

[113] 在“所以,他们把一切标志……颠倒过来”与“根据自然规律,这是必要的”这两句话之间,1643 年版本中补充有:“并且在赤道上的热带与热带之间,标志本身的名称也与赤道以外和在极地一带的叫法不同。”

[114] 他们很尊敬的哲学家,康帕内拉指的是他自己,并描述自己在被刑讯时的情况(见《康帕内拉传略》)。

[115] 违反我们的决定——在这几个字之后,1643 年版本中补充有:“连上帝也不会强制地控制着我们;因为人是如此不受拘束,以致能够咒骂神。难道上帝是可以分开的吗?”

[116] 从异教徒的尸首中——在 1643 年版本中是“从异教徒的腐烂的大脑中”,而在意大利文译本中写的是“从路德派的尸首中”,这样写法对于 1623 年版本当然是有所不便,因为这个版本是一个叫做亚当米的路德教徒发行的。但也许是康帕内拉自己想使这个地方温和些,因为他早在 1613 年就把《太阳城》译成了拉丁文。

[117] 耶稣会——耶稣会是 1534 年伊格纳蒂·罗耀拉为了传播和巩固天主教而创立的教会,是天主教反动派反对新教的主要的斗争工具。1773 年它被教皇克利门特十四世解散,但是 1814 年又被比埃姆七世恢复。

小兄弟会或圣芳济派——是 1209 年圣芳济的亚西西创立的苦修会。

卡普勤僧侣会——天主教的僧团,圣芳济派(小兄弟会士)的一个支派。创立于 1525 年。

[118] 在星辰的同样配置下……——这句话在 1643 年版本中说法稍微不同:“在星辰的同样配置下,哥伦布和科尔迪茨在另一个半球中传播了基督的神教。”

科尔迪茨(1485—1554 年)——墨西哥的征服者。

[119] 在1643年版本中,以下面的原文代替由“使徒保罗认为邪说……”到“阿门”的这一段:

管　理　员

不过请告诉我一件事:没有风和桨的帮助,他们如何使船只前进?

航　海　家

他们在船尾安上一个带有杆子的大风扇,在杆子上挂着一个能使它平衡的重物,这样一来,连小孩子也能用一只手把它举起或放下。在大帆船上,用两个叉形零件把大风扇加固在自由旋转的轴上。此外,他们的某些船只还用两个轮子来推动,这两个轮子之所以能在水中转动,是借助于安装在船首的大轮子那里来的粗绳,它交叉地套在船尾的轮子上,使水中用两个小轮子转动的大轮子非常容易开动,就像卡拉布里亚女人和法国女人用以搓线、捻线和纺线的那种设备一样。

[120] 康帕内拉的《论最好的国家》这一论文论证了并在某些方面进一步发挥了他在《太阳城》中所阐述的他的政治观点和社会经济观点。康帕内拉在谈到他在这一论文中所抱的目的时写道:“我们研究的‘问题’,由于人们渎神的行为和普遍存在着极危险的虚荣心而引起争论,因而我们就根据自然规律和圣书的真理,手持武器来保卫我们理想的国家。”这个论文是康帕内拉的著作《关于自己的实用哲学中有关政治的第三部分的问题》(以下简称《问题》)的最后一篇(第四篇)。《问题》是1609年康帕内拉在监禁中写的,后来经过他多次增订和修改,1637年第一次在巴黎连同《太阳城》和《实用哲学》一起,刊载在他的文集第二卷中。

《论最好的国家》一文是很难以理解和翻译的,它只有两次被译成欧洲文字:一次是1850年它被译成意大利文(这个译本是作为《太阳城》某些版本的附录而刊印的,其中有许多歪曲原文之处,并有一些极困难的地方被略去未译);另一次是1934年它被译成捷克文。这篇论文译成俄文还是第一次。我们自己在这一版本中译出了这篇论文的第一和第二部分,它们对于了解《太阳城》是很重要的。

[121] 康帕内拉在用“国家”这一术语时,指的是“太阳城”。在康帕内拉

让读者参阅本文时,他指的是《太阳城》本文。

[122] 萨穆萨塔的卢契亚奴斯(约 125—约 200 年)——古希腊杰出的讽刺作家。卢契亚奴斯在对柏拉图的哲学体系感到失望后,通过自己的某些著作用嘲笑的语调批评了柏拉图的著作,特别是柏拉图的《理想国》。在本论文的下面,康帕内拉把这位刻薄地讥笑基督教的卢契亚奴斯称为"多神教徒和无神论者"。

[123] 托勒玫(二世纪)——古希腊著名的数学家、天文学家和地理学家。

维琪尔(公元前 70—19 年)——古罗马诗人,在中世纪享有盛名。

古代的生理学家们。"生理学"这一术语最初指的是关于一般自然的科学,是自然科学和自然哲学。康帕内拉在世时,这一术语还保持这种意义。

[124] 拉栖第梦人——一个叫做拉栖第梦(又名斯巴达)的古希腊国家的居民,该国位于伯罗奔尼撒半岛的东南部。

[125] 海尔维第人——古代居住在现在瑞士西北部的一个部族。

坎达布连人——古代居住在西班牙北部的一个部族。

[126] 柏拉图认为数是介于思想之间占有中间地位的特殊的独立的实质,这种实质柏拉图认为是真正的存在,是感性的事物。从这一神秘的学说出发,柏拉图在他的《理想国》这一对话体裁著作的第八册中断言:即使最好的国家也一定会在数的特定功能的影响下经过某个时期而崩溃(柏拉图:《理想国》,卡尔波夫译的俄译本,圣彼得堡 1863 年版,第 402—405 页)。

[127] 使徒——传说中的基督的门徒,基督教教义的宣传者。这里康帕内拉引用《约翰一书》,第一章,第八节。

[128] 亚里士多德在《政治学》第二册第二章中非常注意如何反驳柏拉图对国家的看法。而康帕内拉在自己的这篇论文中,特别是要同亚里士多德的论据进行论战。

[129] 纯洁状态——按照基督教教义,最初的两个人,即亚当和夏娃,在自己犯罪之前曾处在纯洁状态下。据基督教传说,耶稣·基督以自己的受苦受难和在十字架上的牺牲赎取了"原罪"。

[130] 康帕内拉常常引用某些作者的作品,这些作者的观点实际上是与批判私有制以及与社会主义思想史毫无关系的,而且他对这些作品的解释也

与作者本人所作的解释毫无共同之处。例如,康帕内拉为了论证必须铲除私有制这一思想,引用托马斯·阿奎那的权威的意见,而阿奎那的学说却鼓吹阶层社会的组织和私有制的永久存在。

[131]《福音书》编述者——据教会传说,他们是四部福音书的作者:马太、马可、路加和约翰。

[132] 基利尔(约 376—444 年),亚历山大的主教,他曾残酷地迫害多神教徒和异教徒。他所写的其他论战作品中,有一篇叫做《反对叛教徒儒略》,这是一篇为基督教辩护的作品,目的在于反对儒略皇帝(361—363 年),后者曾企图恢复多神教的统治地位。

[133] 苏格拉底没有留下任何作品。他的学生柏拉图在自己的对话中通常以苏格拉底讲话的形式叙述他自己的思想。这一次康帕内拉显然指的是一封在中世纪误认为是罗马主教圣克里门特所写的、谈论柏拉图的《理想国》的信。

约翰·兹拉托乌斯特(约 347—407 年)——君士坦丁堡的大主教,善于雄辩的宣传者,曾积极参加君士坦丁堡各政党的斗争。

阿姆弗罗西(约 340—390 年)——米兰的主教,著有许多有关神学的作品。

[134] 箴言——指的是康帕内拉在 1601 年所写的著作《政治箴言》。

[135] 所罗门——以色列和犹太联合王国的皇帝(约公元前十世纪)。据传说,旧约中有几篇是所罗门写的。在这里,也像在其他许多场合一样,康帕内拉为了论证自己的观点,任意地解释《圣经》(旧约)权威的看法。

[136] 圣叶卡德琳娜——西埃的叶卡德琳娜(1347—1380 年),多米尼加的女皇。

[137] 密诺斯——传说中的克里特岛的皇帝,据说古克里特岛的法律就是他制订的。

罗慕路——传说中古罗马的奠基者和第一代皇帝。

康帕内拉在这里并没有把国家的“奠基者”和国家理论的创立者加以区别。

[138] 形而上学的存在基原——康帕内拉的哲学体系中的存在的三个基本属性:威力、智慧和爱(比较《太阳城》正文第 51—52 页)。

[139] 康帕内拉对于寺院的批评是自相矛盾的。他一方面批评僧侣(参阅,例如,《太阳城》正文第 10 页和《论最好的国家》第 63 页),一方面又在寺院中寻求他所宣扬的财产公有制的榜样。

[140] 基督之敌——在基督教教义中提到的救世主基督的敌人。基督第二次降世后,在建立正义者的国家之前不得不同他进行斗争。

[141] 普里尼——老普里尼(约 23—79 年),罗马著名的自然科学家。他所著的《自然史》是古代世界所积累的关于自然界的知识的一部真正的百科全书。康帕内拉这里所指的是《自然史》第六册第 24(22)篇,该篇专门描述(在很大的程度上幻想地描述)塔普罗班纳岛的地理情况、国家组织以及该岛居民的职业和风俗习惯。

[142] 阿维森纳(伊朋一西拿)(约 980—1037 年)——塔吉克杰出的哲学家、自然科学家和医生,他很注意研究自然界和自然规律。他的著作在中世纪的欧洲流传很广。

阿耳贝尔特——阿耳贝尔特·冯·鲍耳什台特(1193—1280 年),天主教神学家们给他取了一个叫做"伟大"的外号,经院哲学的主要柱石之一,曾企图使亚里士多德的哲学适合于天主教的学说。

[143] 特列佐——见本书第 92 页。

[144] 杜兰德·威廉(约 1270—1332 年)——法国神学者,多米尼加传教士,经院哲学的代表人物。

[145] 阿巴西亚——阿比西尼亚(埃塞俄比亚)的旧称,这可以在十三世纪著名的威尼斯旅行家马可波罗的游记中看到。

[146] 参见《太阳城》正文第 3—4 页。

[147]《形而上学》——康帕内拉的著作,1602—1603 年用意大利文所写,1609 年修改稿是用拉丁文写的(1638 年在巴黎刊印)。

[148] 再浸礼派教徒——十六世纪初在德国产生的教派,它宣扬财产公有制,主要在贫民阶层中得到传播。再浸礼派教徒参加了 1525 年的农民战争,1534—1535 年在蒙斯特市(威斯特伐利亚)掌握了政权十四个月,成立了蒙斯特公社。在这个政权垮台后,再浸礼派教徒的团体就丧失了革命性。

[149] 奥里根(约 185—254 年)——基督教神学家,企图在自己的许多著作中把基督教同新柏拉图主义的哲学结合起来。四世纪末至五世纪初,神人

同形论者(一部分僧侣中流行的一个教派的成员,他们认为上帝具有人的面貌和感情)和站在他们一边的亚历山大的总主教费奥费尔起来反对奥里根的信徒——奥里根分子。

[150] 康帕内拉在这里谈的是亚里士多德《政治学》第二册第二章(§1—3)的内容(C. A. 热别列夫的俄译本,莫斯科1911年版,第46—47页)。以下的不同意见——第二种和第三种不同意见——也取自《政治学》第二册(特别是第51—54页和第49页)。

[151] 索托·多缅科(1495—1570年)——西班牙神学家。1545年他在特利登宗教会议上与新教徒进行论战时曾为捍卫天主教的教条进行答辩。他的《论司法和法律》是一部专门论述法律哲学的著作。

[152] 扬·胡斯(1369—1415年)——捷克宗教改革运动的领袖,争取捷克人民的民族独立和文化独立的战士。天主教会为了力图扼杀业已展开的强大的宗教改革运动和民族独立运动,把胡斯招引到君士坦丁宗教会议上。1415年,根据宗教会议的判决,胡斯被作为异教徒而烧死。

[153] 格拉齐昂——波伦亚的传教士,他约在1140年编辑了主要教令、罗马教皇命令和全世界宗教代表大会决议汇编。这部汇编是天主教宗规法(教堂法)的基础,后来获得了《格拉齐昂法令》的名称。在康帕内拉引用的该《法令》的一章中,格拉齐昂援引了一封误认为是罗马教皇克里门特所写的信。虽然这封信中断言一切都应该是公有的,但格拉齐昂和其他圣典学者仍宣称私有制是一种牢不可破的制度,是适合于目前造孽的人类的一种最好的方式。

[154]《创世记》——圣经的第一篇。参见《创世记》第1章第28节。

[155] 塞维尔的伊西多尔(约560—636年)——塞维尔的主教,他编有一部包括各部门知识的巨著。

[156] 奥维得:《变形记》第1册,第89—114页。

[157] 列非特——古以色列和犹太国的特等的祭司阶级。

[158]《路加福音》,第12章第24节。引文不正确。

[159] 康帕内拉指的是罗马法学家乌尔皮安(公元228年卒),他的关于各项法律问题的著作在六世纪查士丁尼时期被列入《民法典》。康帕内拉引用的引文取自《民法典》的一部分(第1册,第1章第1节)。

[160] 康帕内拉指的是邓斯·斯考特的一部主要作品《对伦巴第的彼得所著的寓言的评述》。在康帕内拉这部分论文中常常引用索托和斯考特的话。显然,由于笔误或印错,在某些场合下他在叙述斯考特的论点时往往说它的作者是索托。我们力图确切地弄清楚每次他指的是谁,但我们是否毫无错误,是没有把握的。

[161] 康帕内拉的这一术语指的是民法,把它同自然法相对照。

[162] 约翰二十二世——1316—1334 年的罗马教皇,曾同主张教会再回到贫苦状态的唯灵论者(圣芳济会的少数派)进行长期的斗争。约翰二十二世在 1317 年颁布的被称为《怪癖者》的法令中承认牧师和僧侣有利用教会财产的权利。

[163] 克里门特五世——1305—1314 年的罗马教皇。

[164] 参见《太阳城》本文第 13,15,16,32—33 页。

[165] 参见《太阳城》本文第 17 页。

[166] 参见《太阳城》本文第 13—14 页。

[167] 特拉契纳——意大利中部的城市,公元前 406 年被罗马人占领,公元前 329 年完全被罗马人统治。

[168] 康帕内拉不正确地援引小迦图的话。小迦图的这句话是罗马历史学家和政治活动家萨留斯底(公元前 86—35 年)在自己的著作《论喀提里纳的阴谋》(参阅盖·萨留斯底·克伊斯普:《论喀提里纳的阴谋》,C. П. 格沃兹杰夫的俄译本,科学院出版社,1934 年版,第 161 页)中引用的。

[169] 阶层地位的公有制,意即社会的每个成员都可能占有任何阶层的地位。

[170] 参见《太阳城》本文第 11、33 页。

[171] 亚历山大——盖尔的亚历山大(约 1175—1245 年),英国的神学者、经院哲学家。

阿耳方斯——大概是阿耳方索·德·卡斯特罗(死于1558 年),西班牙神学家。

韦尔登的托马斯(约 1380—1431 年)——英国的教会活动家,威克里夫宗教改革学说的死敌。

里卡德(约 1200—1237 年)——波伦亚的宗规法的教师。

帕诺尔米塔——尼古拉·杜德斯希,以巴勒莫人这一名字而著名(生于1386年,大约死于1445年),是巴勒莫的大主教,精通宗规法。

[172]《论救世主的君主国》——康帕内拉在1605年所写的论文,它简要地叙述了失传的著作《论基督教的君主国》。

很值得注意的是,福音书中有名的格言:"该撒的物应当归该撒"(《马可福音》,第十二章第十七节,《路加福音》第二十章,第二十五节)本来是中世纪的教会引用它来证明,封建国家和对劳动者的剥削制度是上帝规定的。而康帕内拉却完全用另一种方式加以解释,使这句格言在这篇论文中成为有利于财产公有制的证据。

图书在版编目(CIP)数据

太阳城/(意)康帕内拉著;陈大维,黎思复,黎廷弼译.—北京:商务印书馆,2017
(汉译世界学术名著丛书:120年纪念版:珍藏本)
ISBN 978-7-100-14470-4

Ⅰ.①太… Ⅱ.①康… ②陈… ③黎… ④黎…
Ⅲ.①空想共产主义—政治思想史—意大利—中世纪
Ⅳ.①D091.6 ②D095.463.3

中国版本图书馆CIP数据核字(2017)第153272号

汉译世界学术名著丛书
(120年纪念版·珍藏本)
太 阳 城
〔意〕康帕内拉 著
陈大维 黎思复 黎廷弼 译

商 务 印 书 馆 出 版
(北京王府井大街36号 邮政编码100710)
商 务 印 书 馆 发 行
北京市十月印刷有限公司印刷
ISBN 978-7-100-14470-4

2017年12月第1版 开本710×1000 1/16
2017年12月北京第1次印刷 印张9¾
定价:48.00元